VERBUM ✳ E N S A Y O

INTRÉPIDOS. PIRATAS, BANDIDOS,
AVENTUREROS Y TIMADORES LEGENDARIOS

ALEJANDRO ALCALÁ

INTRÉPIDOS

PIRATAS, BANDIDOS, AVENTUREROS Y TIMADORES LEGENDARIOS

Editorial
VERBUM

© Alejandro Alcalá, 2025
© Diseño de portada: Iván García
© De esta edición: Editorial Verbum, 2025

Tr.ª Sierra de Gata, 5
La Poveda (Arganda del Rey)
28500 - Madrid
Teléf.: (+34) 910 46 54 33
e-mail: info@editorialverbum.es
https://editorialverbum.es

I.S.B.N.: 978-84-1136-934-3

Diseño de colección: Origen Gráfico, S. L.
Preimpresión: Adrians Esquivel Romero
Printed in Spain / Impreso en España

Este libro ha sido
impreso con papel
ecológico procedente
de bosques sostenibles.

ÍNDICE

PARTE I: PIRATAS Y CORSARIOS: LOS AMOS DE LOS MARES

PARTE II: BANDIDOS Y FORAJIDOS: LEYENDAS DE TIERRA ADENTRO

PARTE III: TIMADORES Y FALSIFICADORES: MAESTROS DEL ENGAÑO

PARTE IV: AVENTUREROS Y EXPLORADORES HISTÓRICOS

PARTE V: PIRATAS, CORSARIOS, BANDIDOS Y ESTAFADORES EN LA FICCIÓN

El atractivo de la vida fuera de la ley

Desde tiempos inmemoriales, el ser humano ha sentido una fascinación casi irresistible por aquellos que desafían las normas establecidas. Piratas, bandidos, aventureros y estafadores han sido retratados en la literatura, el cine y la historia con una mezcla de admiración y condena. La atracción que despiertan no es nueva ni exclusiva de la modernidad: ya en la antigüedad, personajes como el mítico Ulises eran tanto héroes como embusteros, hábiles en el arte del engaño y la supervivencia. En la *Odisea*, Ulises no solo sobrevive gracias a su fuerza o valentía, sino a su astucia, como cuando se presenta ante el cíclope Polifemo con el nombre de "Nadie" para escapar de su cueva sin ser identificado. Esta inteligencia oportunista, que bordea la moralidad convencional, ha sido un rasgo común en muchos de los grandes forajidos de la historia.

La literatura y el cine han reforzado esta dualidad, convirtiendo a los proscritos en personajes carismáticos que desafían la autoridad con ingenio y audacia. Víctor Hugo lo expresó con claridad al escribir: "El delito es, en ciertos aspectos, una forma de genio". Desde Robin Hood hasta el Lobo de Wall Street, los bandidos legendarios han sido vistos a menudo como individuos que, en lugar de someterse a las reglas impuestas por el sistema o por los poderosos al mando, han decidido burlarlas con inteligencia. En muchos casos, sus actos son percibidos no como crímenes, sino como gestos de desafío a un mundo que, para algunos, resulta estructuralmente injusto.

Esta fascinación se ha extendido a diferentes épocas y culturas. En el siglo XIX, el historiador Eric Hobsbawm analizó el fenómeno del *bandido social,* aquel delincuente que, lejos de ser un simple criminal, se convierte en una especie de rebelde contra el sistema. Según Hobsbawm, en muchas épocas han existido figuras fuera de la ley que han sido vistas por el pueblo como símbolos de resistencia, desde los *haiduks* balcánicos que luchaban contra el dominio otomano hasta los *cangaceiros* brasileños como Lampião, que desafiaron al gobierno y a las élites rurales. "El bandido social no es un criminal en el sentido común del término: en su comunidad es considerado un héroe, un protector y un vengador", escribió Hobsbawm, subrayando la diferencia entre el delincuente ordinario y el que, por las circunstancias de su época, se convierte en un mito popular.

El siglo XX no fue ajeno a esta fascinación. Figuras como Bonnie y Clyde, dos jóvenes que recorrieron Estados Unidos en los años 30 del siglo XX, robando bancos y huyendo de la justicia, se convirtieron en íconos culturales. Su historia fue inmortalizada en el cine, reforzando la imagen romántica de la pareja de delincuentes que vive al margen de la ley con un aire de rebeldía. De manera similar, D.B. Cooper, el enigmático secuestrador de un avión en 1971 que saltó en paracaídas con el dinero del rescate y desapareció sin dejar rastro, se transformó en una de las figuras criminales más míticas de la historia moderna. La incapacidad de la justicia para atraparlo lo convirtió en una leyenda, y su historia en el crimen perfecto que desafió las estructuras de poder.

Pero, ¿qué convierte a un criminal en un mito? La respuesta radica en tres factores clave: la audacia, la resistencia contra el poder y la narrativa que se construye en torno a sus hazañas. No todos los piratas, bandidos o estafadores han sido considerados legendarios. William Kidd, por ejemplo, comenzó su carrera como un corsario con licencia británica, pero tras ser acusado de piratería, su historia fue eclipsada por la de otros bucaneros más carismáticos. En cambio, personajes como Barbanegra, que teatralizaban su imagen con una barba enmarañada y mechas encendidas en su sombrero para infundir terror, supieron transformar su vida en una historia que aún hoy cautiva e intriga.

Otro elemento fundamental es la percepción del delincuente en su contexto histórico. Durante la Gran Depresión en Estados Unidos, muchos criminales fueron vistos como figuras rebeldes contra el sistema bancario y la corrupción política. John Dillinger fue considerado un enemigo público por el FBI, pero también un símbolo de desafío a la crisis económica y a un gobierno que muchos sentían distante y opresivo. "Dillinger era un criminal, pero en los años 30, en plena desesperación económica, la gente veía en él una especie de Robin Hood moderno que robaba a los bancos, las mismas instituciones que muchos consideraban responsables de su miseria", explicó el periodista Bryan Burrough en su libro *Public Enemies*.

El cine, la literatura y la cultura popular han terminado por inmortalizar a muchos de estos personajes, a veces incluso otorgándoles rasgos nobles que nunca tuvieron en la realidad. La figura del pirata, por ejemplo, ha sido moldeada más por las novelas de aventuras y por Hollywood que por la historia real de la piratería, que a menudo era más brutal y menos romántica de lo que se nos ha hecho creer. *La isla del tesoro* de Robert Louis Stevenson estableció el arquetipo del pirata con pata de palo, loro en el hombro y un código de honor peculiar, un paradigma que se reforzó con la aparición de personajes cinematográficos como Jack Sparrow en *Piratas del Caribe*. Sin embargo, la realidad de la piratería en los siglos XVII y XVIII distaba mucho de esta versión idealizada: los bucaneros y corsarios rara vez seguían códigos morales y sus actividades eran más violentas y despiadadas de lo que se muestra en la ficción.

Lo mismo ocurre con los ladrones y estafadores: la fascinación por la inteligencia y la astucia de personajes como Arsène Lupin o Danny Ocean en *Ocean's Eleven* nos lleva a verlos como figuras heroicas, cuando en la realidad sus contrapartes históricas rara vez eran tan elegantes o sofisticadas. La historia de Víctor Lustig, el hombre que vendió la Torre Eiffel dos veces, podría parecer una genialidad de guion de Hollywood, pero fue un fraude real, meticulosamente ejecutado. "La diferencia entre un criminal común y un estafador de élite es que el segundo no roba, sino que convence a su víctima de que le entregue el dinero voluntariamente", afirmaba Lustig, quien entendía mejor que nadie el arte de la manipulación.

En última instancia, la atracción por la vida fuera de la ley no es solo un reflejo del deseo de aventura y libertad, sino también una respuesta a la eterna lucha entre el individuo y el poder establecido. Ya sea el pirata que desafía a un imperio, el bandido que se convierte en un héroe del pueblo, el aventurero que obra al margen de la sociedad y de la ley o el estafador que juega con la codicia de los demás, estos personajes encarnan una fantasía universal: la posibilidad de burlar el sistema y escribir su propio destino. Como dijo Mark Twain: "La verdad es más extraña que la ficción", y en el caso de los forajidos, la realidad ha superado con creces cualquier historia inventada.

CORSARIOS, BANDIDOS Y ESTAFADORES: ENTRE LA REALIDAD Y LA LEYENDA

Corsarios como Francis Drake fueron tanto piratas como corsarios servidores de la corona británica, dependiendo de quién narrara la historia. Para los españoles, era un saqueador despiadado que asolaba las colonias y atacaba los barcos cargados de oro rumbo a la península. Para Isabel I de Inglaterra, en cambio, era un patriota que trajo riquezas al reino y debilitó el dominio español en los mares. La reina lo recompensó con el título de *Sir*, pero en la corte de Felipe II era visto como un enemigo público del imperio español.

La historia de Drake es solo un ejemplo de cómo el contexto y la perspectiva pueden redefinir a un criminal. De manera similar, Jean Lafitte, un corsario francés que operaba en el Golfo de México a principios del siglo XIX, fue considerado un villano por España y un aliado estratégico por Estados Unidos, ya que ayudó al ejército de Andrew Jackson en la Batalla de Nueva Orleans. A cambio, recibió el perdón presidencial y pasó de ser considerado un ciudadano respetado.

Pero esta ambigüedad moral no se limita a los corsarios. Bandidos como Robin Hood han sido inmortalizados como justicieros que robaban a los ricos para ayudar a los pobres. Sin embargo, los registros históricos muestran que los forajidos de la Inglaterra medieval rara vez tenían motivaciones altruistas y, más bien, operaban como bandas organizadas que saqueaban indiscriminadamente. El mito de Robin Hood se construyó y embelleció con el tiempo, convirtiéndolo en un símbolo de resistencia contra la opresión feudal y los abusos de los nobles. En la realidad, los bandidos medievales eran mucho más brutales y frecuentemente estaban al servicio de nobles corruptos o incluso de la propia monarquía, que los utilizaba como mercenarios en conflictos políticos.

Los estafadores, por otro lado, juegan con la credulidad de la gente y con su propia inteligencia. Víctor Lustig, el hombre que vendió la Torre Eiffel en dos ocasiones, no usó la violencia ni el miedo como armas, sino la manipulación psicológica y la confianza de sus víctimas. En los años 20, aprovechó el clima de incertidumbre política en Francia para hacer creer a empresarios metalúrgicos que el gobierno estaba subastando la Torre por piezas. Su carisma y su astucia le permitieron huir con la fortuna amasada gracias a su astucia antes de que alguien descubriera el engaño. Este tipo de criminales representan una forma de inteligencia desviada que, en muchos casos, es celebrada por la cultura popular. Como señaló Napoleón Bonaparte: "La historia es un conjunto de mentiras sobre las cuales se ha llegado a un acuerdo", y pocos entendieron mejor este principio que los grandes timadores de la historia. La falsificación de documentos, las estafas financieras y la manipulación de la verdad han sido herramientas poderosas para quienes han sabido aprovecharlas.

El caso de Charles Ponzi, el hombre que dio nombre a las estafas piramidales, es otro ejemplo de cómo un fraude puede disfrazarse de oportunidad de inversión. Ponzi prometió a sus clientes rendimientos extraordinarios en poco tiempo, basándose en un esquema donde el dinero de los nuevos inversores se usaba para pagar a los anteriores. Durante un tiempo, la ilusión de éxito lo convirtió en un hombre célebre, pero cuando el fraude colapsó, quedó al descubierto la fragilidad de su engaño.

Muchos de estos personajes han sido idealizados por la cultura popular. El cine ha jugado un papel clave en esta transformación, convirtiendo a despiadados bandidos y piratas en figuras románticas. Películas como *El halcón del mar* (1940) con Errol Flynn, o la exitosa saga *Piratas del Caribe,* lograron revivir el interés en figuras como Barbanegra y Anne Bonny, presentándolos como aventureros libres en un mundo dominado por las monarquías y los grandes imperios. Sin embargo, la realidad histórica dista mucho de esta imagen romántica o idealizada.

Los piratas no eran rebeldes altruistas ni defensores de la libertad, sino en su mayoría saqueadores despiadados. Edward Teach, más conocido como Barbanegra, cultivó su imagen terrorífica colocando mechas encendidas en su barba y usando la intimidación psicológica para evitar el combate, pero no dudaba en asesinar cruelmente a sus prisioneros cuando lo consideraba necesario. Anne Bonny y Mary Read, las dos mujeres piratas más famosas de la historia, no eran simplemente aventureras valientes, sino combatientes feroces que vestían como hombres y mataban sin piedad para sobrevivir en un mundo extremadamente violento.

El fenómeno de idealizar a los criminales también se ha extendido a los ladrones y estafadores. La literatura nos ha dado personajes paradigmáticos como Arsène Lupin, el caballero ladrón creado por Maurice Leblanc, que roba con elegancia y sofisticación. En el cine, personajes como Danny Ocean en *Ocean's Eleven* refuerzan la ilusión del ladrón con un código de honor y un carisma irresistibles. Sin embargo, la mayoría de los grandes estafadores de la historia no han sido ni tan carismáticos ni tan refinados como la ficción nos hace creer.

Como hemos reseñado, la frontera entre criminal y héroe depende, en gran parte, de la narrativa que se construye en torno a ellos. En algunos casos, la sociedad ha perdonado sus crímenes porque los percibe como figuras rebeldes contra un sistema opresivo. En otros, han sido demonizados y convertidos en ejemplos de lo que la ley debe erradicar. Lo que está claro es que, a lo largo del tiempo, estos personajes han despertado la fascinación de generaciones enteras, recordándonos que la historia no es solo una cuestión de hechos, sino también de la perspectiva en que estos son relatados.

¿HÉROES, VILLANOS O SIMPLEMENTE OPORTUNISTAS?

No todos los forajidos fueron luchadores por la libertad ni idealistas con una causa noble. Muchos fueron oportunistas que supieron aprovechar las circunstancias de su época para su propio beneficio. Algunos se valieron de la violencia y el saqueo para ascender en el mundo del crimen, mientras que otros utilizaron la astucia y el engaño para acumular riqueza sin necesidad de empuñar una espada o una pistola. En cambio, lo que todos compartían era una extraordinaria habilidad para interpretar su tiempo y jugar con sus propias reglas y en veneficio propio.

Uno de los ejemplos más representativos de esta ambigüedad es Henry Morgan. Nacido en Gales, comenzó su carrera como filibustero en el Caribe, atacando y saqueando barcos y ciudades españolas con extrema brutalidad. En 1671, lideró el asalto a Panamá, una de las expediciones piratas más destructivas de la época, en la que sus hombres incendiaron la ciudad y masacraron a sus habitantes. Sin embargo, en lugar de ser castigado por sus actos, fue recompensado. Inglaterra, que veía con buenos ojos la guerra encubierta contra España, lo nombró caballero y lo convirtió en gobernador de Jamaica. De pirata pasó a ser representante de la corona en un giro de ironía histórica. Morgan no tenía más lealtad que su propio interés, y su biografía es un claro ejemplo de cómo el oportunismo podía transformar a un delincuente en un personaje respetable según interesara a la sociedad y a los poderosos.

En la misma línea, Charles Ponzi no pretendía construir un imperio financiero: simplemente aprovechó la ingenuidad y la codicia de los inversores para enriquecerse a costa de ellos. Su esquema piramidal, que consistía en pagar a los inversores antiguos con el dinero de los nuevos, funcionó hasta que colapsó bajo su propio peso. Durante un tiempo, Ponzi fue visto como un genio de las finanzas, capaz de generar riqueza de la nada. Pero como sucede con todos los estafadores, la burbuja no podía durar eternamente. Fue arrestado y encarcelado, aunque su legado sobrevivió en el nombre del fraude financiero que aún lleva su apellido: el esquema Ponzi.

Por otro lado, algunos de estos personajes sí fueron considerados héroes por sus contemporáneos. En América Latina, el bandolero Pancho Villa pasó de ser un delincuente, salteador de caminos y asesino de inocentes, a convertirse en una figura clave de la Revolución Mexicana. En su caso, la línea entre criminal y libertador se desdibujó completamente. Villa lideró un ejército de campesinos y forajidos, desafiando al gobierno mexicano y convirtiéndose en un símbolo de la lucha contra la opresión. Aunque saqueaba haciendas y ejecutaba enemigos e inocentes sin piedad alguna, fue visto por muchos como un Robin Hood moderno, un hombre que tomaba de los ricos para dar a los pobres. Incluso el gobierno estadounidense, que primero lo persiguió, terminó reconociendo su importancia histórica tras su asesinato en 1923.

En muchas ocasiones, la fama de estos criminales se debe no solo a sus hazañas, sino a la narrativa que se construye a su alrededor. La línea entre héroe y villano también se ha desdibujado en el ámbito de la estafa. Algunos de estos personajes han sido redimidos por la cultura popular. Butch Cassidy y Sundance Kid, legendarios ladrones de trenes en el siglo XIX, son retratados en el cine como encantadores e ingeniosos, cuando en realidad eran asesinos y ladrones profesionales. John Dillinger, el famoso asaltante de bancos de la era de la Gran Depresión, fue visto por muchos como un símbolo de resistencia contra el sistema bancario, al igual que Bonnie y Clyde, cuya imagen de jóvenes amantes fuera de la ley ha eclipsado el hecho de que eran criminales despiadados.

La sociedad, en su eterna búsqueda de equilibrio entre el orden y la transgresión, ha dotado a estos personajes de un aura mítica, de aventureros románticos y luchadores contra el orden establecido. Ya sea por su audacia, su habilidad para engañar o su enfrentamiento contra el sistema, estos personajes han trascendido su tiempo y siguen siendo objeto de estudio, admiración y, en muchos casos, controversia. Algunos han sido vilipendiados como criminales sin escrúpulos; otros han sido convertidos en símbolos de rebelión y desafío. Pero todos tienen algo en común: han dejado una huella en la historia que sigue despertando fascinación.

PARTE I: PIRATAS Y CORSARIOS: LOS AMOS DE LOS MARES

Capítulo 1: Corsarios al servicio del poder

Francis Drake: El corsario que desafió a la Armada Española

Pocos nombres en la historia de la piratería y la guerra naval han sido tan temidos y reverenciados como el de Francis Drake. Para los ingleses, fue un héroe, un audaz navegante y explorador que llevó riquezas al reino y consolidó la supremacía británica en los mares. Para los españoles, fue un bandido temible, un saqueador despiadado que azotó el Caribe y el Atlántico, atacando sin piedad barcos y ciudades en nombre de la reina Isabel I.

Nacido en 1540 en una familia modesta de Devon, Inglaterra, Drake tuvo un temprano contacto con el mar y con la ambición desmedida. Desde joven, se unió a las expediciones de su primo John Hawkins, quien se dedicaba al tráfico de esclavos y al comercio ilícito con las colonias españolas en América. En 1568, una emboscada en San Juan de Ulúa, en el actual México, casi le cuesta la vida cuando la flota española atacó a los ingleses en un sangriento combate. Este episodio marcó a Drake de por vida, provocándole un odio feroz hacia España y un deseo inagotable de venganza. Su vida, desde entonces, se convirtió en una campaña de terror contra el imperio más poderoso de la época.

Convertido en corsario al servicio de la corona inglesa, Drake se dedicó a atacar barcos españoles y a saquear ciudades portuarias, que saqueaba e incendiaba. Uno de sus primeros golpes importantes fue el asalto a Nombre de Dios, en Panamá, en 1573. Junto a un grupo de piratas y esclavos cimarrones, emboscó una caravana de mulas cargadas de oro y plata provenientes de Perú. Aunque resultó herido, la hazaña consolidó su reputación y le permitió regresar a Inglaterra con un botín que despertó el interés de la reina Isabel. No era solo un pirata más: era un hombre que entendía el comercio y la guerra como dos caras de la misma moneda y que supo jugar con la ambición de la monarquía para su beneficio.

El golpe que lo inmortalizó llegó en 1577, cuando fue elegido para liderar una expedición secreta contra las posesiones españolas en el Pacífico. Zarpó con cinco barcos, pero solo uno, el *Golden Hind*, completó el viaje. Durante la travesía, saqueó puertos en Chile y Perú, capturando la nave *Nuestra Señora de la Concepción*, que transportaba una fortuna en oro y plata con destino a España. Cruzó el Pacífico, llegó a las Molucas y, tras tres años de saqueos y asaltos, completó la segunda circunnavegación del mundo, después de la de Magallanes-Elcano. Al regresar a Inglaterra, fue recibido como un héroe y la reina Isabel lo armó caballero en una ceremonia pública, en la que, según relatos, utilizó una espada robada de un barco español.

Pero su mayor hazaña no fue desvalijar ciudades y tesoros, sino humillar a España en su propio terreno. En 1587, anticipando la invasión de la Armada Invencible, realizó un audaz ataque al puerto de Cádiz, destruyendo gran parte de la flota española en lo que él mismo llamó "el chamuscado de la barba del rey de España". Un año después, durante la batalla definitiva, utilizó barcos incendiarios para dispersar a la armada enemiga, lo que contribuyó a su colosal derrota. Para los ingleses, Drake era la encarnación de la valentía y el ingenio naval. Para los españoles, era el enemigo más peligroso y astuto que habían enfrentado. Sin embargo, los últimos años de su vida no fueron gloriosos. En 1595, lideró una expedición desastrosa al Caribe, donde fue derrotado por los españoles en Puerto Rico y Panamá. Enfermo y humillado, murió de disentería en 1596 y fue sepultado en el mar en un ataúd de plomo. Pero esto no significó el fin de su leyenda, sino el comienzo de su inmortalidad. "Si este hombre no hubiese nacido inglés, habría sido el mayor criminal del siglo", escribió un embajador español sobre él. Para sus víctimas, fue un azote despiadado. Para sus compatriotas, un navegante intrépido. Para la historia, una figura cuya sombra aún se proyecta sobre los mares que una vez dominó.

JEAN LAFITTE: EL PIRATA QUE SE CONVIRTIÓ EN HÉROE DE GUERRA

En el mundo de la piratería, pocos personajes han sido tan enigmáticos y contradictorios como Jean Lafitte. Considerado un bandido de alta mar, comerciante clandestino y, finalmente, héroe de guerra en Estados Unidos, su vida osciló entre la ilegalidad y el patriotismo. Mientras algunos lo ven como un astuto oportunista que usó la guerra a su favor, otros lo consideran una figura clave en la defensa de Nueva Orleans contra los británicos. Su historia, envuelta en mitos y leyendas, es la prueba de que la frontera entre el criminal y el héroe es muchas veces difusa y depende de quién cuente la historia.

Jean Lafitte nació alrededor de 1780, posiblemente en Francia o en la colonia de San Domingue (actual Haití). Su origen es incierto, lo que añade más misterio a su figura. Lo que sí se sabe es que, a comienzos del siglo XIX, él y su hermano Pierre se establecieron en Luisiana, donde comenzaron a operar como comerciantes ilegales y, eventualmente, como corsarios. Nueva Orleans, en ese tiempo, era un hervidero de tráfico de mercancías prohibidas, y los Lafitte supieron aprovechar la situación. Si bien nunca se dedicaron directamente a la piratería en el sentido tradicional, dirigían una red de contrabando que operaba desde la isla de Barataria, al sur del delta del Misisipi.

La fortuna de Lafitte se basaba en vender bienes obtenidos por piratas y corsarios en el Caribe, especialmente esclavos y mercancías valiosas que los barcos españoles transportaban desde sus colonias en América. Esta actividad, aunque ilegal, le hizo ganarse el favor de los comerciantes locales, que veían en él una fuente de bienes baratos. La isla de Barataria se convirtió en su base de operaciones, un enclave pirata que operaba con una estructura casi gubernamental. Allí, Lafitte estableció un sistema de comercio clandestino, cobraba impuestos y organizaba una flota propia. Su influencia era tal que llegó a ser conocido como el "Rey de Barataria".

En 1814, las autoridades de Luisiana, cansadas de sus actividades ilegales, ordenaron un ataque contra Barataria. La base fue destruida y muchos de sus hombres fueron capturados. Lafitte, sin embargo, escapó y, en un giro inesperado, aprovechó la oportunidad para redimirse. En plena Guerra de 1812, los británicos, que buscaban tomar Nueva Orleans, se acercaron a él con una oferta tentadora: si los ayudaba a conquistar la ciudad, le darían dinero y el perdón por sus crímenes. En lugar de aceptar, Lafitte tomó una decisión sorprendente: ofreció sus servicios a los independentistas de los Estados Unidos. El general Andrew Jackson, quien lideraba la defensa de Nueva Orleans, inicialmente desconfiaba de Lafitte y lo veía como un delincuente. Sin embargo, ante la inminente invasión británica, reconsideró su posición. Los conocimientos de Lafitte sobre las rutas del delta del Misisipi y su acceso a armas y hombres resultaban demasiado valiosos como para ignorarlos. Así, el antiguo contrabandista se convirtió en un aliado inesperado en la Batalla de Nueva Orleans en enero de 1815. Sus hombres, acostumbrados a la lucha en el mar, demostraron ser efectivos en el combate terrestre, contribuyendo a la victoria de las fuerzas estadounidenses. Lafitte pasó de ser un enemigo del Estado a un héroe nacional de la noche a la mañana.

Tras la guerra, el gobierno estadounidense le otorgó un indulto por sus crímenes previos, pero Lafitte no estaba listo para abandonar la lucrativa vida de forajido. Volvió a sus actividades clandestinas, pero esta vez con un nuevo objetivo: establecer una base de operaciones en Galveston, Texas, que en ese entonces aún pertenecía a España. Durante algunos años, dirigió una comunidad de piratas y contrabandistas en la isla, a la que llamó Campeche. Sin embargo, la tolerancia del gobierno estadounidense hacia él se agotó rápidamente. En 1820, tras recibir órdenes de abandonar la zona, quemó su colonia y desapareció en el Golfo de México.

El destino final de Jean Lafitte sigue siendo un misterio. Algunas fuentes aseguran que murió en combate contra barcos españoles en 1823, mientras que otras sostienen que vivió bajo una identidad falsa hasta avanzada edad. Su figura ha estado envuelta en leyendas, algunas incluso sugieren que trabajó como espía para diferentes gobiernos. Lo cierto es que su legado perdura por haber sido uno de los piratas más interesantes de la historia. Andrew Jackson, el mismo que desconfiaba de él, más tarde reconoció su importancia en la guerra al afirmar: "Si no hubiera sido por Lafitte y sus baratarianos, Nueva Orleans habría caído en manos británicas".

BARBARROJA: EL CORSARIO OTOMANO QUE DOMINÓ EL MEDITERRÁNEO

En la historia de la piratería y la guerra naval, pocos nombres han despertado tanto temor como Khair ad-Din Barbarroja, el corsario otomano que llegó a convertirse en almirante de la poderosa flota turca y que, durante décadas, hizo del Mediterráneo su dominio personal. Su historia es la de un hombre que, desde el pillaje y la piratería, ascendió para convertirse en un estratega militar clave para el Imperio Otomano, un azote para los cristianos y un símbolo de poder. Para algunos, fue un defensor del islam y un leal servidor del sultán. Para otros, un despiadado saqueador que devastó ciudades y esclavizó a miles de cristianos.

Nació en la isla de Lesbos a finales del siglo XV, en una época en la que el Mediterráneo era un campo de batalla entre musulmanes y cristianos. Su verdadero nombre era Khizr, y era hijo de un renegado griego convertido al islam y de una mujer cristiana. Junto con sus hermanos, se dedicó desde joven a la piratería, atacando barcos cristianos y vendiendo los botines en los mercados del norte de África. Su hermano mayor, Aruj, fue el primero en destacar en este oficio, ganándose el apodo de *Barbarroja*, probablemente por su barba rojiza o por la deformación del nombre "Baba Aruj". Tras la muerte de su hermano en combate contra los españoles en 1518, Khizr heredó el mando de sus fuerzas y adoptó el título de *Barbarroja* en su honor.

A diferencia de otros corsarios de la época, que actuaban de forma independiente, Barbarroja comprendió que para consolidar su poder debía aliarse con una gran potencia. En 1519, ofreció sus servicios al sultán otomano Selim I, quien lo nombró bey (gobernador) de Argel y le concedió apoyo militar. A partir de ese momento, dejó de ser un simple pirata para convertirse en un hombre al servicio del Estado. Con la protección otomana, lanzó una serie de campañas para expandir su dominio en el Magreb y expulsar a los españoles y portugueses que intentaban colonizar la región.

El momento culminante de su carrera llegó en 1533, cuando el sultán Solimán el Magnífico lo nombró Gran Almirante de la Flota Otomana. Con este cargo, Barbarroja se convirtió en el comandante supremo del Mediterráneo para el Imperio Otomano, con la misión de desafiar el poder naval de las monarquías europeas, en especial de España y el Sacro Imperio Romano Germánico. Durante los años siguientes, saqueó las costas italianas, asedió ciudades, derrotó a las armadas cristianas y consolidó el control otomano sobre el Mediterráneo oriental.

Uno de sus mayores triunfos ocurrió en 1538, en la batalla de Préveza, donde se enfrentó a una coalición de fuerzas cristianas liderada por Andrea Doria, el célebre almirante genovés al servicio del emperador Carlos V. En inferioridad numérica, Barbarroja usó su astucia y conocimiento de las aguas para tender una emboscada y destruir gran parte de la flota enemiga. Esta victoria aseguró el dominio otomano en el Mediterráneo durante décadas y consolidó su reputación como un genio naval. Sin embargo, su legado no se limitó a la guerra. Barbarroja también organizó el comercio de esclavos en el norte de África, donde los cautivos cristianos capturados en sus incursiones eran vendidos en los mercados de Argel y Estambul. Se estima que sus expediciones esclavizaron a decenas de miles de personas, muchas de las cuales nunca volvieron a ver su tierra natal. Ciudades enteras fueron arrasadas por sus ataques, como Mahón en Menorca o Reggio Calabria en Italia, donde la población fue prácticamente exterminada o capturada.

A pesar de su brutalidad, incluso sus enemigos reconocían su genio estratégico. "Si no hubiese sido musulmán, su nombre estaría junto al de Alejandro y César", escribió un cronista cristiano de la época, destacando su capacidad para transformar el curso de la historia. En 1545, con casi 70 años, Barbarroja se retiró a Constantinopla, donde pasó sus últimos años en una lujosa villa junto al mar. Murió en 1546, dejando un legado imborrable. Su tumba aún se encuentra en Estambul, y hasta hoy la Armada Turca realiza ceremonias en su honor.

Amaro Pargo: El corsario español y su fortuna misteriosa

La historia de la piratería está dominada por nombres de corsarios británicos, franceses y otomanos, pero España también tuvo a sus propios hombres de mar, figuras envueltas en leyenda que se movían entre el comercio, la guerra y la piratería. Uno de los más enigmáticos fue Amaro Pargo, el corsario canario cuya historia, a diferencia de la de Francis Drake o Barbarroja, no está llena de grandes batallas ni de armadas destruidas, pero sí de un aura de misterio que persiste hasta el día de hoy. Su fama no solo se debe a sus hazañas en el Atlántico, sino también a la leyenda de su fortuna oculta, un tesoro perdido que ha intrigado a historiadores y cazatesoros durante siglos.

Nacido en San Cristóbal de La Laguna, Tenerife, en 1678, Amaro Rodríguez Felipe —conocido como Amaro Pargo— creció en una época en la que las aguas del Atlántico eran un campo de batalla entre corsarios, comerciantes y piratas. Desde joven, mostró inclinación por la aventura y el comercio, dedicándose al tráfico de mercancías entre América y España. En aquella época, el comercio con las colonias americanas era una actividad extremadamente lucrativa, pero también peligrosa, pues las rutas estaban infestadas de piratas y corsarios ingleses, franceses y holandeses que acechaban a los galeones españoles cargados de oro y productos exóticos.

Como muchos otros marinos de su tiempo, Pargo no tardó en armar sus propios barcos y tomar represalias contra aquellos que intentaban saquear las riquezas españolas. En este contexto, obtuvo una patente de corso de la Corona española, lo que le otorgaba el derecho legal de atacar y saquear barcos enemigos. Así, dejó de ser un simple comerciante para convertirse en un corsario al servicio de España, persiguiendo a los enemigos del imperio en las aguas del Atlántico.

A lo largo de su carrera, Amaro Pargo se convirtió en uno de los hombres más ricos de su época. Sus negocios lo hicieron inmensamente próspero. Se cuenta que acumuló una fortuna que le permitió vivir con un lujo que pocos podían permitirse. Sin embargo, su riqueza siempre estuvo envuelta en el misterio. Se dice que su tesoro escondido, cuya ubicación nunca fue revelada, era enorme y que sus mapas y documentos secretos podrían contener pistas sobre su paradero. Esta leyenda ha despertado la imaginación de generaciones enteras y ha dado lugar a numerosas expediciones en busca de su fortuna perdida.

Más allá de su vida como corsario, Amaro Pargo tenía una faceta inesperada: era un hombre profundamente religioso. Mantuvo una estrecha relación con la monja Sor María de Jesús, conocida como la "Siervita de Dios", una mística canaria con fama de santa, a quien visitaba con frecuencia y a quien dejó parte de su fortuna en testamento. Esta devoción ha hecho que su imagen se aleje del típico pirata sanguinario y lo acerque más a la de un hombre de fe que navegaba entre la legalidad y la aventura.

Pargo murió el 4 de octubre de 1747 en su tierra natal, Tenerife, dejando tras de sí más preguntas que respuestas. Su testamento mencionaba propiedades, riquezas y bienes, pero nunca reveló el paradero de su supuesto tesoro. Con el paso del tiempo, su tumba en la Iglesia de Santo Domingo en La Laguna se convirtió en un lugar de culto y leyenda. En 2013, su cripta fue abierta por un equipo de arqueólogos con la esperanza de desentrañar detalles sobre su vida, pero, como todo en la historia de Amaro Pargo, el misterio permaneció intacto.

Capítulo 2: Piratas infames y sus reinos flotantes

BARBANEGRA: EL PIRATA QUE CONVIRTIÓ EL MIEDO EN SU MEJOR ARMA

Entre todos los piratas que surcaron las aguas en la Edad de Oro de la Piratería, Edward Teach, conocido como Barbanegra, se alzó como el más temido y legendario. No fue el más violento ni el más sanguinario, pero sí el más inteligente a la hora de forjar su reputación. Mientras otros confiaban en la fuerza bruta, Barbanegra convirtió el miedo en su mejor arma, construyendo una imagen de terror que le permitió obtener botines sin disparar un solo cañón y sin gastar su pólvora. Su historia es la de un hombre que entendió que en la guerra psicológica radica el verdadero poder.

Nacido en Inglaterra alrededor de 1680, Teach fue un marino experimentado antes de convertirse en pirata. Sirvió como corsario durante la Guerra de Sucesión Española (1701-1714), pero con el fin del conflicto, como muchos otros marineros desempleados, encontró en la piratería una oportunidad para enriquecerse. Se unió a la tripulación de Benjamin Hornigold, uno de los bucaneros más influyentes del Caribe, quien eventualmente le entregó el mando de un barco. Fue entonces cuando Edward Teach dejó de ser un marino anónimo para transformarse en Barbanegra, el azote del Atlántico.

Lo primero que hizo para forjar su leyenda fue convertir su barco, el Queen Anne's Revenge, en una auténtica fortaleza flotante. Armado con 40 cañones, era una de las embarcaciones piratas más imponentes de su tiempo. Pero el verdadero poder de Barbanegra no estaba en su barco, sino en su imagen. Se dejó crecer una espesa barba negra, que trenzaba con cintas de colores y mechas encendidas para dar la impresión de que su rostro exhalaba humo y fuego. Vestía con un abrigo negro y un cinturón cruzado con varias pistolas, y solía encender velas y lámparas en su barco por la noche para que pareciera un espectro en la oscuridad. Un marinero que lo vio en combate lo describió diciendo: "Parecía el mismísimo diablo salido del infierno".

Esta imagen aterradora era clave para su estrategia. Barbanegra sabía que un enemigo aterrorizado se rendía más rápido, por lo que la mayoría de sus ataques terminaban sin necesidad de violencia. Las tripulaciones de los barcos que capturaba preferían entregarle el botín antes de enfrentarlo. Su reputación se expandió rápidamente por el Caribe y la costa este de América del Norte, y en poco tiempo, Barbanegra no solo era temido por los marinos mercantes, sino por los propios gobernadores coloniales.

Uno de sus golpes más audaces ocurrió en 1718, cuando bloqueó el puerto de Charleston, Carolina del Sur, con toda su flota. Detuvo varios barcos y tomó prisioneros a ciudadanos prominentes, exigiendo un rescate inusual: no pedía oro ni joyas, sino un cofre de medicinas. Su petición sugiere que su tripulación estaba enferma, posiblemente de sífilis o escorbuto, dos enfermedades comunes entre los piratas. El gobernador de Carolina del Sur cumplió sus condiciones y Barbanegra se retiró sin necesidad de disparar un solo cañón.

A pesar de su éxito, no todos veían con buenos ojos su dominio en el Caribe. En 1718, recibió un indulto del gobernador de Carolina del Norte, lo que supuestamente lo convertía en un hombre libre. Sin embargo, en lugar de retirarse, continuó sus actividades en la piratería, pero con más cautela. Para las autoridades británicas, Barbanegra se había convertido en una amenaza que debía ser eliminada. Así que el gobernador de Virginia, Alexander Spotswood , decidió tomar cartas en el asunto y envió una expedición al mando del teniente Robert Maynard para cazarlo. El 22 de noviembre de 1718, en la isla de Ocracoke, Carolina del Norte, se libró el último combate de Barbanegra. La batalla fue brutal. Barbanegra, a pesar de estar superado en número, luchó ferozmente hasta el final. Recibió cinco disparos y más de veinte cortes de sable antes de caer muerto. Como advertencia para otros bucaneros, su cabeza fue cortada y colgada en la proa del barco de Maynard, y su cuerpo fue arrojado al mar.

En cambio, su leyenda creció con el tiempo, alimentada por rumores de tesoros ocultos que nunca fueron encontrados. Se dice que, antes de morir, exclamó: "¡Maldita sea mi alma si os doy un cuarto!", una frase que se convirtió en símbolo del espíritu indomable del pirata. Otros relatos aseguran que su cuerpo decapitado dio varias vueltas alrededor del barco antes de hundirse, lo que reforzó la creencia de que había hecho un pacto con el diablo. Barbanegra no solo fue un saqueador, sino un maestro de la intimidación, un hombre que entendió que el miedo era un arma tan poderosa como los cañones. Su nombre sigue vivo en la cultura popular, aparece en libros, películas y leyendas. Si bien fue un criminal, también fue una estratega excepcional que, con astucia y terror, logró gobernar las aguas del Caribe durante los últimos años de la Edad de Oro de la Piratería.

ANNE BONNY Y MARY READ: MUJERES PIRATAS EN UN MUNDO DE HOMBRES

En la historia de la piratería, dominada por hombres brutales y temidos, dos mujeres lograron romper las reglas del juego y dejar su huella en los mares y sobre todo en las aguas del Caribe: Anne Bonny y Mary Read. En una época en la que se creía que las mujeres a bordo traían mala suerte, ellas no solo sobrevivieron en un mundo violento, sino que se ganaron el respeto y el temor de sus compañeros piratas. Su historia es una mezcla de audacia, desafío y un final envuelto en misterio.

Anne Bonny nació alrededor de 1697 en Irlanda, hija ilegítima de un abogado y su criada. Para evitar el escándalo, su padre se trasladó con ella a Carolina del Sur, donde creció en un entorno de riqueza y privilegio. Sin embargo, Anne no estaba hecha para la vida doméstica. Desde joven mostró un carácter fuerte y rebelde, y se decía que una vez apuñaló a un hombre que la insultó. Rechazó los planes de matrimonio que su padre tenía para ella y en su lugar se casó con James Bonny, un marinero sin fortuna. Juntos se trasladaron a Nassau, en las Bahamas, un refugio de bucaneros donde Anne entró en contacto con el mundo de la piratería.

En Nassau, conoció al célebre Jack Rackham, más conocido como Calicó Jack, un capitán pirata que la sedujo con su carisma y promesas de aventura y tesoros. Anne dejó a su esposo y se unió a la tripulación de Rackham, vestida de hombre para evitar sospechas. Pero ella no se limitó a ser una espectadora: participó en saqueos, luchó con espada y pistola y demostró ser tan feroz como cualquier otro pirata.

Por su parte, Mary Read, nacida a finales del siglo XVII en Inglaterra, tuvo una infancia aún más inusual. Su madre la crio disfrazada de niño para seguir cobrando la pensión de un hijo muerto. Durante su juventud, Mary trabajó como soldado en los Países Bajos y posteriormente se embarcó en un navío rumbo al Caribe. Fue capturada por piratas y, en lugar de temerles, se unió a ellos.

El destino de Anne y Mary se cruzó en la tripulación de Calicó Jack, donde ambas demostraron ser luchadoras excepcionales. Cuando atacaban un barco, luchaban codo a codo con los hombres, ganándose el respeto de sus compañeros. Se decía que, en combate, eran aún más feroces que los hombres y que mientras muchos piratas se rendían o huían, ellas peleaban hasta el final.

Pero la suerte de los piratas nunca dura demasiado. En 1720, la tripulación de Rackham fue capturada por la marina británica tras un ataque sorpresa en Jamaica. La mayoría de los bucaneros estaban borrachos y apenas ofrecieron resistencia, pero Anne y Mary fueron las únicas que pelearon hasta el final. Aún así, fueron capturadas y condenadas a la horca. Sin embargo, ambas lograron aplazar su ejecución con un argumento inesperado: estaban embarazadas y la ley británica prohibía ejecutar a una mujer encinta, por lo que sus vidas fueron temporalmente salvadas. Mary Read murió poco después en prisión, probablemente de fiebre, pero el destino de Anne Bonny sigue siendo un misterio. Algunos dicen que su padre usó su influencia para liberarla y que vivió el resto de su vida en el anonimato. Otros creen que escapó y volvió a las andadas con otro nombre y con otra tripulación pirata. Lo que es innegable es que ambas lograron desafiar las normas de su tiempo y entrar en la historia como dos de las pocas mujeres piratas del mundo.

EL CAPITÁN KIDD: ¿PIRATA POR ERROR O VÍCTIMA DE UNA CONSPIRACIÓN?

En el imaginario popular, el nombre del Capitán William Kidd está vinculado a la imagen de un pirata despiadado que saqueó las aguas del mar Atlántico y el océano Índico, escondiendo fabulosos tesoros que, según la leyenda, aún esperan ser descubiertos. Sin embargo, la realidad de su historia es mucho más compleja. A diferencia de otros corsarios que eligieron la piratería como un modo de vida, Kidd fue un hombre atrapado en una red de intrigas políticas y traiciones que lo llevaron a un destino trágico. Fue un corsario con licencia real, convertido en pirata por necesidad, y finalmente, en un chivo expiatorio de la corona británica.

William Kidd nació en Escocia alrededor de 1654 y, como muchos de su generación, se hizo a la mar desde joven. A finales del siglo XVII, la lucha entre las potencias europeas por el control de las rutas comerciales llevó a la corona británica a recurrir a corsarios para atacar barcos enemigos y defender sus intereses en alta mar. Kidd, que ya era un marino experimentado, recibió en 1696 una patente de corso firmada por el rey Guillermo III de Inglaterra, lo que le otorgaba el derecho legal de atacar embarcaciones francesas y barcos piratas que amenazaban al comercio británico.

Para financiar su expedición, Kidd obtuvo el respaldo de nobles influyentes y de figuras del gobierno británico, quienes invirtieron grandes sumas de dinero en su empresa con la expectativa de recibir parte de los botines capturados. Se le entregó el mando del Adventure Galley, un barco bien armado y listo para la caza de piratas en el océano Índico, una de las rutas más lucrativas del comercio europeo. Sin embargo, lo que parecía una misión segura pronto se convirtió en un desastre. Kidd navegó durante meses sin encontrar ningún botín valioso, mientras su tripulación, impaciente por riquezas, comenzó a rebelarse. En un acto de desesperación, Kidd capturó la nave Quedagh Merchant, un barco cargado de valiosas mercancías provenientes de la India. El problema era que este navío no pertenecía a piratas ni a franceses o españoles, sino a comerciantes armenios que tenían estrechos lazos con la poderosa Compañía Británica de las Indias Orientales.

En ese momento, la línea entre corsario y pirata se volvió extremadamente delgada. Aunque Kidd intentó justificar su captura argumentando que su tripulación estaba fuera de control y que su acción era legítima, la noticia del ataque llegó a Londres, donde sus poderosos patrocinadores, temerosos de verse implicados en un escándalo internacional, lo abandonaron. Para la corona británica, que en ese momento buscaba demostrar que no toleraba la piratería en sus dominios, Kidd se convirtió en el chivo expiatorio perfecto.

Al darse cuenta de su precaria situación, Kidd intentó regresar a Inglaterra para limpiar su nombre. Antes de llegar, escondió parte de su tesoro en la isla Gardiners, cerca de la costa de Nueva York, con la esperanza de usarlo como moneda de cambio para negociar su perdón. Sin embargo, fue arrestado en Boston en 1699 y enviado a Londres encadenado. Su juicio fue poco menos que un espectáculo. Se le acusó de piratería y asesinato, aunque muchas de las pruebas en su contra estaban manipuladas. Kidd se defendió alegando que siempre había accionado bajo órdenes oficiales y que el ataque al Quedagh Merchant fue un error, no un acto de piratería deliberada. Pero sus antiguos benefactores no querían verse implicados en el escándalo y lo abandonaron a su suerte.

El 23 de mayo de 1701, William Kidd fue condenado a la horca en Execution Dock, Londres. Se dice que el primer intento de ejecución falló cuando la cuerda se rompió, lo que para muchos fue visto como un signo de su inocencia. Sin embargo, en el segundo intento, no tuvo la misma buena suerte. Su cuerpo fue recubierto con alquitrán y colgado en una jaula de hierro a orillas del río Támesis, como advertencia para otros marineros que se vieran tentados de practicar la piratería. Eso sí, las historias sobre los tesoros que supuestamente escondió antes de su captura han dado lugar a siglos de especulación y búsquedas infructuosas. Su figura ha sido inmortalizada en novelas, películas y leyendas que lo presentan como un pirata clásico, cuando en realidad pudo haber sido un hombre traicionado por sus propios aliados. Como dijo el escritor Washington Irving sobre su historia: "El destino de Kidd es un recordatorio de que en el juego del poder, no siempre sobrevive el más fuerte, sino el que mejor juega sus cartas".

SAMUEL BELLAMY: EL "PRÍNCIPE DE LOS PIRATAS"

Entre los muchos nombres que sembraron el terror en el mar durante la Edad de Oro de la Piratería, pocos alcanzaron la fama y el carisma de Samuel Bellamy, conocido como el "Príncipe de los Piratas". A diferencia de otros corsarios y bucaneros que se hicieron famosos por su crueldad o por su largo reinado en los océanos, Bellamy destacó por su estilo de liderazgo, su código de honor y su meteórico ascenso. En apenas un año, pasó de ser un marinero sin fortuna a uno de los bucaneros más poderosos del Atlántico.

Nacido en Inglaterra en 1689, Bellamy creció en una familia humilde y desde joven se sintió atraído por el mar. Como muchos hombres de su tiempo, se embarcó en busca de fortuna, con la esperanza de encontrar riquezas en las colonias del Nuevo Mundo. Se dice que llegó a Massachusetts con la intención de convertirse en cazador de tesoros y que su motivación principal era conseguir una fortuna que le permitiera casarse con Maria Hallett, una joven de la que se había enamorado. Sin embargo, la falta de éxito en sus expediciones lo llevó a tomar otro camino: la piratería.

Bellamy se unió a un grupo de bandidos liderados por Benjamin Hornigold, un capitán experimentado que operaba en el Caribe y la costa atlántica de Norteamérica. Entre los miembros de la tripulación estaba Edward Teach, quien más tarde se haría famoso como Barbanegra. Con el tiempo, Bellamy demostró ser un líder carismático y, cuando Hornigold se negó a atacar barcos ingleses, la tripulación lo destituyó y nombró a Bellamy como su nuevo capitán. A partir de ese momento, su carrera como bucanero fue imparable. A diferencia de otros capitanes, que gobernaban con mano de hierro, Bellamy trataba a su tripulación con respeto y promovía una especie de democracia a bordo. Se dice que declaró: "no somos más que hombres libres que prefieren morir antes que vivir como esclavos". Su sentido de justicia y su liderazgo le valieron el apodo de "Príncipe de los Piratas", ya que muchos marineros preferían unirse a su tripulación antes que enfrentarlo.

El mayor golpe de Bellamy lo realizó en 1717, cuando capturó el Whydah Gally, un barco esclavista británico cargado con una inmensa fortuna en oro, plata y otros bienes valiosos. En lugar de hundirlo o venderlo, decidió convertirlo en su buque insignia. Con su nueva embarcación, fuertemente armada y veloz, Bellamy continuó su racha de éxitos, saqueando barcos mercantes a lo largo de la costa atlántica. A diferencia de otros piratas, solía liberar a las tripulaciones de los barcos capturados y rara vez practicaba la violencia innecesaria.

En abril de 1717, mientras navegaba frente a la costa de Massachusetts, una tormenta feroz hundió el Whydah Gally, llevándose consigo a Bellamy y a la mayor parte de su tripulación. Su cuerpo nunca fue encontrado, pero su leyenda sobrevivió. Se dice que, antes de su muerte, planeaba regresar a Massachusetts para reunirse con Maria Hallett, quien, según algunas historias, lo esperaba para casarse con él. El naufragio del Whydah Gally convirtió a Bellamy en una figura casi mítica. Su barco permaneció en el fondo del océano durante más de 250 años hasta que, en 1984, los restos fueron descubiertos con parte de su tesoro aún intacto.

Capítulo 3: Tesoros y la hermandad de los filibusteros

HENRY MORGAN: DE PIRATA A GOBERNADOR DE JAMAICA

En la historia de la piratería, pocos nombres despiertan tanto interés como el de Henry Morgan, un hombre que, a diferencia de la mayoría de los piratas, no terminó ahorcado en una plaza pública ni perseguido hasta su muerte. Por el contrario, su vida es el testimonio de cómo la violencia, la astucia y el oportunismo podían convertir a un filibustero en un hombre de poder. Morgan fue un pirata temido, un corsario al servicio de la corona inglesa y, finalmente, el respetado gobernador de Jamaica, la isla que en su tiempo fue el mayor refugio de forajidos del Caribe.

Nacido en Gales alrededor de 1635, Morgan llegó a las Indias Occidentales en un momento en que la guerra entre Inglaterra y España había convertido el Caribe en un campo de batalla. Como muchos otros hombres sin fortuna, se unió a los filibusteros, una comunidad de corsarios que operaban en las costas de América, atacando barcos y asentamientos españoles con el apoyo implícito de Inglaterra. Jamaica, que había sido arrebatada a España en 1655, se convirtió en la base de operaciones de estos aventureros, y Morgan no tardó en destacar entre ellos. Su ascenso comenzó con la toma de Puerto Príncipe, en Cuba, en 1668, cuando, al mando de un grupo de filibusteros, logró capturar la ciudad sin apenas resistencia. Animado por este éxito, organizó un ataque aún más audaz: el asalto a Portobelo, una de las ciudades más fortificadas de la América española. Utilizando tácticas de terror, sus hombres capturaron la ciudad, tomaron rehenes y obligaron a los habitantes a pagar un rescate exorbitante para evitar la destrucción total. Se dice que las tropas españolas, aterrorizadas por la ferocidad de sus asaltos, huyeron antes de enfrentarlo.

Pero su mayor hazaña tuvo lugar en 1671, con la toma de Panamá. En un ataque sin precedentes, Morgan lideró una flota de filibusteros a través de la selva del Darién y, tras varios días de combate, logró capturar y saquear la ciudad más rica del Pacífico. Panamá ardió y miles de habitantes fueron asesinados o esclavizados. Sin embargo, la victoria de Morgan tuvo un problema: en ese momento, España e Inglaterra habían firmado un tratado de paz, lo que convirtió su agresión en un acto de piratería sin respaldo legal. Al enterarse de la situación, la Corona inglesa, que hasta entonces había tolerado sus acciones, decidió sacrificarlo para evitar una crisis diplomática. Morgan fue arrestado y enviado a Londres en 1672, pero en lugar de ser ejecutado, logró lo impensable: convenció al rey Carlos II de que sus actos no solo beneficiaban a Inglaterra, sino que habían debilitado significativamente a España. Gracias a su astucia y a la necesidad de la Corona de mantener su dominio en el Caribe, no solo fue liberado, sino que fue nombrado gobernador de Jamaica en 1674.

Desde su nuevo cargo, Morgan pasó de ser un pirata a un hombre de poder. Irónicamente, su primera tarea como gobernador fue perseguir y castigar a otros piratas que operaban en el Caribe. Muchos de sus antiguos compañeros fueron ahorcados bajo sus órdenes, lo que generó entre ellos una mezcla de odio y admiración. "El corsario se convirtió en el cazador de corsarios y piratas", escribió un cronista español sobre su inesperado giro. Pero lo cierto es que Morgan pasó sus últimos años en la comodidad de su plantación en Jamaica, disfrutando de la fortuna acumulada durante su carrera como filibustero. Murió en 1688, respetado por las autoridades británicas y temido por los españoles hasta el final. Su tumba, ubicada en Port Royal, desapareció tras un terremoto en 1692, lo que añadió un aura de misterio a su figura.

La república pirata de Nassau: Un sueño de libertad en el Caribe

En los albores del siglo XVIII, cuando los imperios europeos luchaban por el dominio de los mares, un pequeño enclave en las Bahamas se convirtió en el refugio de los hombres más temidos del océano. Nassau, en la isla de Nueva Providencia, se transformó en la primera y única república pirata de la historia, un experimento anárquico donde marineros renegados, desertores y forajidos de todas las naciones establecieron su propia ley. Durante un breve período, Nassau se convirtió en el corazón de la piratería en el Atlántico, desafiando a los imperios y demostrando que, al menos por un tiempo, un puñado de hombres podía crear un mundo al margen de las potencias coloniales y de las monarquías.

A comienzos del siglo XVIII, la isla de Nueva Providencia era un lugar estratégicamente perfecto para los piratas. Su ubicación, en el cruce de importantes rutas comerciales entre Europa, América y el Caribe, la convertía en una base ideal para atacar barcos mercantes. Además, su costa poco profunda impedía que los grandes buques de guerra pudieran acercarse con facilidad, lo que hacía de Nassau un refugio seguro ante cualquier intento de represalia. En 1715, cuando España e Inglaterra firmaron una tregua temporal, miles de marineros desempleados se volcaron a la piratería, y Nassau se convirtió en su capital. El poder en la república pirata no estaba en manos de un gobernador ni de un rey, sino de los propios piratas, que funcionaban bajo un sistema de autogobierno con muchos tintes anárquicos. Se establecieron códigos piratas, donde se repartían los botines de manera equitativa, se castigaba la traición y se promovía una forma de democracia rudimentaria. Un capitán pirata no gobernaba por derecho, sino por elección: si su tripulación no estaba satisfecha con su liderazgo, podía ser depuesto en cualquier momento. "Aquí no hay tiranos ni amos, solo hombres libres que toman lo que la fortuna les da", escribió un visitante sobre la república pirata de Nassau.

Entre los bucaneros más célebres que gobernaron Nassau estuvieron Benjamin Hornigold, uno de los primeros en consolidar el dominio de la isla, y su protegido, Edward Teach, más conocido como Barbanegra, cuya reputación aterrorizó a las colonias británicas y españolas. También se encontraban figuras como Charles Vane, conocido por su brutalidad en los asedios, y los legendarios Calicó Jack Rackham, Anne Bonny y Mary Read, quienes vivieron en Nassau antes de lanzarse a la aventura en alta mar.

Sin embargo, la utopía pirata no podía durar para siempre. Para las potencias coloniales, se había convertido en una amenaza demasiado grande. Inglaterra, en particular, comprendió que no podía tolerar un enclave que desafiaba su autoridad y que atacaba sus barcos y saboteaba sus rutas comerciales. En 1718, el rey Jorge I envió a Bahamas una flota al mando de Woodes Rogers, con la misión de erradicar la piratería.

Rogers llegó ofreciendo un indulto real para todos aquellos que abandonaran la vida del crimen y juraran lealtad a la corona. Muchos, como Benjamin Hornigold, aceptaron el perdón y se convirtieron en cazadores de piratas, persiguiendo a sus antiguos compañeros. Otros, como Charles Vane, se negaron a rendirse y fueron expulsados de Nassau. Con el arribo a Nassau de la flota británica, la república pirata llegó a su fin. La isla fue fortificada y se convirtió en una base naval británica que sofocó la piratería en la región. Sin embargo, fue una demostración de que, en un mundo dominado por monarquías y gobernantes absolutistas, podía existir un espacio donde los marginados del mar vivieran bajo sus propias reglas, aunque fuera por un tiempo limitado.

"Los piratas de Nassau fueron los últimos hombres verdaderamente libres del mar", escribió un cronista años después de su caída. La isla, que una vez albergó a los más grandes forajidos del océano, se convirtió en un símbolo de la eterna lucha entre la autoridad y la libertad. Hoy en día, Nassau es un destino turístico de lujo, pero su historia recuerda que, en una época no tan lejana, fue el hogar de una república sin reyes, sin leyes y sin más norma que la voluntad de aquellos que se atrevieron a desafiar al mundo.

LOS PIRATAS DE MADAGASCAR: ANARQUÍA Y TESOROS ESCONDIDOS

En los siglos XVII y XVIII, cuando las potencias europeas dominaban el comercio marítimo y las rutas comerciales estaban vigiladas por flotas imperiales, un grupo de piratas encontró refugio en un rincón remoto del mundo: Madagascar. Al sur del continente africano, lejos de las garras de Inglaterra, Francia y España, la isla se convirtió en un paraíso para los forajidos, un lugar donde podían vivir sin leyes ni restricciones. Durante décadas, piratas de medio mundo establecieron en Madagascar un paraíso propio, un experimento de anarquía donde no existían reyes ni gobernadores, solo hombres que vivían bajo sus propias reglas.

El atractivo de Madagascar no era solo su ubicación estratégica, sino también su aislamiento. Situada en el océano Índico, la isla estaba fuera del alcance de las grandes potencias europeas, lo que la hacía un refugio ideal para los piratas que saqueaban barcos en las rutas comerciales entre India, Arabia y

Europa. Además, la isla ofrecía provisiones abundantes, desde frutas tropicales hasta animales de caza, y tenía una población local con la que los piratas podían comerciar… y a la que llegaron a someter.

Entre los primeros piratas en establecerse en Madagascar estaban hombres como Henry Every, el legendario capitán británico que en 1695 saqueó la flota del Gran Mogol y se convirtió en uno de los bandidos de la mar más ricos de la historia. Se dice que Every y su tripulación se refugiaron en la isla tras capturar el Ganj-i-Sawai, un barco cargado con tesoros inimaginables, entre ellos cofres de oro y joyas que pertenecían al emperador de la India. El ataque fue tan brutal que provocó una crisis diplomática entre Inglaterra y el Imperio Mogol, lo que llevó a que Every se convirtiera en el pirata "más buscado" de la historia. Sin embargo, logró escapar y desapareció en algún lugar del océano Índico, dejando tras de sí la leyenda de un tesoro enterrado en las playas de Madagascar.

Pero Every no fue el único que encontró refugio en esta isla africana. En el siglo XVIII, piratas como Thomas Tew, William Kidd y Olivier Levasseur hicieron de Madagascar su base de operaciones. El estratégico enclave ofrecía un lugar seguro donde los piratas podían descansar entre incursiones y repartirse los botines sin temor a ser capturados. Muchos establecieron asentamientos semi-permanentes, donde convivían con mujeres malgaches y formaban pequeñas comunidades piratas que funcionaban fuera del control europeo.

Uno de los mitos más persistentes sobre los piratas de Madagascar es la existencia de la legendaria Libertalia, una supuesta república pirata fundada por un grupo de corsarios renegados que buscaban crear una sociedad libre de monarquías y jerarquías. Según relatos, Libertalia tenía su propio idioma, su propia moneda y operaba bajo principios democráticos, los bienes se repartían equitativamente y todos los hombres eran iguales. La historia de Libertalia fue difundida por el escritor Charles Johnson en su libro *Una historia general de los robos y asesinatos de los más notorios piratas,* publicado en 1724. Sin embargo, no hay pruebas arqueológicas que confirmen su existencia, lo que ha llevado a muchos a creer que no fue más que una leyenda romántica.

Lo que sí es cierto es que muchos bucaneros que se establecieron en Madagascar y acumularon grandes fortunas, para luego, al igual que Henry Every, desaparecer sin dejar rastro. Uno de los más famosos fue Olivier Levasseur, conocido como "La Buse", un bandido francés que operó en el océano Índico y que, según la leyenda, escondió un tesoro de valor incalculable en alguna playa de Madagascar o en una isla cercana. Antes de ser ejecutado en 1730, Levasseur lanzó un misterioso pergamino a la multitud y exclamó: "¡El que pueda entender este código encontrará mi tesoro!". Desde entonces, aventureros, cazatesoros e historiadores han intentado descifrar su criptograma, pero hasta hoy el botín sigue sin ser hallado.

La era dorada de los piratas de Madagascar llegó a su fin a medida que las potencias europeas aumentaron su control sobre el océano Índico. Francia colonizó la isla en el siglo XIX y los últimos refugios y poblados piratas fueron destruidos. Sin embargo, la leyenda de los tesoros escondidos y la existencia de Libertalia han perdurado en el tiempo, alimentando la imaginación de generaciones enteras. "Si la libertad tiene un precio, los piratas de Madagascar lo pagaron con oro y sangre", escribió un cronista. Su historia sigue viva, y quizás, en alguna playa olvidada de la isla, aún descansa un cofre lleno de monedas y joyas, esperando ser descubierto.

¿DÓNDE ESTÁN LOS TESOROS PIRATAS? LAS LEYENDAS MÁS FAMOSAS

Desde hace siglos, la idea de cofres repletos de oro y joyas escondidos en islas remotas ha alimentado la imaginación de cazatesoros, escritores y aventureros. La imagen clásica del pirata que entierra su botín para recuperarlo más tarde y muere sin haber confesado dónde ha escondido su fortuna, es parte del folclore popular, pero ¿cuánto de esto es realidad y cuánto es mito? Si bien la mayoría de los piratas gastaban sus riquezas en tabernas y burdeles sin pensar en el futuro, existen historias documentadas de riquezas ocultas que nunca fueron recuperadas. Algunos de estos tesoros han sido hallados con el tiempo, mientras que otros siguen esperando a que alguien descifre los enigmas de su paradero y se haga con el anhelado botín.

Una de las leyendas más persistentes es la del tesoro del Capitán Kidd, el corsario británico que terminó ahorcado en 1701 tras ser acusado de piratería. Antes de ser capturado, Kidd habría enterrado parte de su fortuna en la isla Gardiners, cerca de la costa de Nueva York. Se dice que intentó negociar su libertad ofreciendo revelar su escondite, pero fue ejecutado antes de poder hacerlo. Desde entonces, la búsqueda de su inmenso botín ha sido una obsesión para exploradores y cazatesoros, e incluso ha inspirado novelas como *La isla del tesoro* de Robert Louis Stevenson.

Otro de los tesoros más enigmáticos es el de Olivier Levasseur, conocido como "La Buse", el pirata francés que operó en el océano Índico durante el siglo XVIII. Antes de ser ejecutado en 1730, lanzó un pergamino a la multitud y exclamó: "¡El que pueda entender este código encontrará mi tesoro!". Desde entonces, el misterio ha obsesionado a investigadores que han intentado descifrar el criptograma dejado por el pirata. Se cree que su fortuna, compuesta por oro, diamantes y reliquias sagradas saqueadas de un galeón portugués, está enterrada en algún punto de Madagascar o en las islas Seychelles, pero hasta hoy nadie ha logrado encontrarla.

En América, una de las historias más fascinantes es la del tesoro de Lima, un botín de incalculable valor que desapareció misteriosamente a principios del siglo XIX. Cuando las fuerzas independentistas amenazaban con tomar la ciudad de Lima, en Perú, un grupo de españoles encargó a un capitán británico, William Thompson, que transportara esta inmensa fortuna —incluyendo estatuas de oro, lingotes de plata y joyas de los incas— a México para protegerla. Sin embargo, Thompson y su tripulación asesinaron a los guardianes del tesoro y desaparecieron en alta mar. Se cree que escondieron el botín en la isla del Coco, en Costa Rica, pero cuando fueron capturados más tarde, ni bajo tortura revelaron su ubicación. La isla ha sido explorada en numerosas ocasiones, pero el tesoro sigue sin aparecer.

Otro legendario botín perdido es el de Barbanegra, quien sembró el terror en el Caribe hasta su muerte en 1718. Se dice que acumuló una monumental fortuna en oro y joyas saqueando barcos y ciudades, pero cuando fue capturado y decapitado por la marina británica, no reveló la ubicación de su escondite. Algunos creen que lo ocultó en las costas de Carolina del Norte, donde tenía su base en la isla de Ocracoke, mientras que otros piensan que está enterrado en alguna isla del Caribe. "Solo el diablo y yo sabemos dónde está, y el que viva más se lo quedará", se dice que murmuró antes de morir.

Además de estos casos famosos, hay innumerables historias sobre piratas que supuestamente escondieron sus riquezas en islas, cuevas y costas remotas. Muchas de estas leyendas surgieron porque, a diferencia de los tesoros de la nobleza o de los comerciantes, el oro y la plata de los piratas no figuraba en registros oficiales. Cuando un barco pirata se hundía o cuando un capitán moría sin revelar la ubicación de su botín, la historia de su fortuna se convertía en un misterio y muchas veces en un mito.

La búsqueda de estos tesoros no ha sido solo un tema de novelas y películas. En 1984, el cazatesoros Barry Clifford descubrió los restos del Whydah Gally, el barco del pirata Samuel Bellamy, frente a las costas de Massachusetts. Fue la primera nave pirata confirmada arqueológicamente y en ella se encontraron miles de monedas de oro, lo que demostró que, en algunos casos, los tesoros piratas no eran solo legendarios sino reales.

PARTE II:
BANDIDOS Y FORAJIDOS:
LEYENDAS DE TIERRA ADENTRO

Capítulo 4: Bandidos del Viejo Oeste

Pocos nombres evocan la imagen del forajido clásico del Viejo Oeste como Jesse James. Bandido, pistolero y símbolo de la resistencia contra el poder, James se convirtió en un ícono de la frontera americana, venerado por algunos como un justiciero y condenado por otros como un asesino despiadado. Su historia está envuelta en la mitología del Salvaje Oeste, donde la realidad y la leyenda se entremezclan en un relato de violencia, traición y redención fallida.

Nacido en 1847 en Missouri, Jesse Woodson James creció en un estado dividido por la Guerra Civil. Su familia tenía simpatías sureñas, y él y su hermano Frank James fueron reclutados en un grupo de guerrilleros confederados liderados por William Quantrill y "Bloody Bill" Anderson, famosos por sus incursiones brutales contra las tropas de la Unión. Durante estos años, Jesse aprendió el arte de la guerra irregular, el uso del revólver y la táctica del ataque sorpresa, habilidades que luego aplicaría en su vida como forajido.

Con el fin de la guerra, Missouri quedó sumida en el caos. La reconstrucción impuesta por el gobierno federal y el dominio de los bancos y ferrocarriles sobre la economía local generaron un clima de resentimiento entre los exconfederados. Jesse y Frank, como muchos exsoldados del Sur, no encontraban oportunidades en la nueva sociedad y pronto recurrieron a la única vía que conocían: la violencia. En 1866, junto a un grupo de antiguos guerrilleros, Jesse y Frank robaron el Banco de Liberty, en Missouri, considerado el primer atraco bancario de la historia de Estados Unidos a plena luz del día. Fue el inicio de una carrera delictiva que duraría más de una década. Bajo el nombre de la banda James-Younger, los hermanos James y sus cómplices llevaron a cabo asaltos a bancos, trenes y diligencias en varios estados, dejando tras de sí una estela de muerte y caos.

Pero, lo que convirtió a Jesse James en una leyenda no fue su habilidad con las armas o su audacia en los atracos, sino la narrativa que construyó en torno a sí mismo. En una época donde la prensa comenzaba a moldear la opinión pública, James supo aprovechar su imagen. Se decía que atacaba bancos y trenes propiedad de las grandes corporaciones que explotaban a los granjeros del Medio Oeste, lo que lo hizo ganar simpatía entre sectores de la población que veían en él a un Robin Hood moderno. En una carta publicada en un periódico local, Jesse escribió: "Nos llaman forajidos, pero nosotros solo tomamos lo que nos han arrebatado". Aunque no hay pruebas de que realmente compartiera su botín con los pobres, la historia se propagó y consolidó su reputación como un rebelde contra el sistema.

Uno de sus golpes más audaces ocurrió en 1873, cuando su banda descarriló un tren de la Rock Island Railroad y robó su cargamento de oro. Fue uno de los primeros atracos a trenes en movimiento y estableció un precedente para futuros forajidos del Oeste. Sin embargo, no todos sus golpes fueron exitosos. En 1876, intentaron asaltar el Banco de Northfield, Minnesota, pero el pueblo se resistió y estalló un tiroteo que terminó con varios de los miembros de la banda muertos o capturados. Jesse y Frank lograron escapar, pero el golpe marcó el principio del fin para la banda.

A medida que los años pasaban, la vida de forajido se volvió más difícil para Jesse James. Perseguido por las autoridades y traicionado por antiguos aliados, intentó retirarse en 1881 y llevar una vida normal bajo el nombre falso de Thomas Howard. Se mudó a St. Joseph, Missouri, con su esposa e hijos, pero su fama lo hacía un hombre marcado. El 3 de abril de 1882, uno de sus propios hombres, Robert Ford, lo asesinó de un disparo en la cabeza mientras Jesse colgaba un cuadro en su casa. Ford, que había sido reclutado por el gobernador para matarlo a cambio de una recompensa, se convirtió en uno de los personajes más odiados de la época, despreciado incluso por aquellos que querían ver a Jesse muerto.

Con su muerte, Jesse James pasó de ser un forajido a un mito del Oeste. Se publicaron baladas, libros y periódicos que lo presentaban como una víctima del sistema opresor o como un héroe trágico que luchó contra la injusticia. Su tumba se convirtió en un lugar de peregrinación y, con el tiempo, su figura fue absorbida por la cultura popular, apareciendo en incontables películas, novelas y canciones.

BILLY THE KID: EL FORAJIDO QUE BURLÓ A LA LEY

Si hay un nombre que simboliza el espíritu del forajido del Viejo Oeste, ese es el de Billy the Kid. Héroe para algunos, asesino para otros, su vida fue breve pero intensa, marcada por la violencia, la fuga constante y un desafío incesante a la autoridad. En apenas 21 años de existencia, se convirtió en el pistolero más famoso del Oeste, escapó de la ley en múltiples ocasiones y construyó una leyenda que aún hoy sigue generando controversia.

Billy the Kid nació como Henry McCarty en 1859, probablemente en Nueva York, aunque algunos historiadores sugieren que pudo haber nacido en Indiana. Huérfano desde temprana edad, su vida estuvo marcada por la inestabilidad familiar y la supervivencia. Su madre se trasladó con él y su hermano a Kansas y luego a Nuevo México, donde la joven nación estadounidense todavía estaba consolidando su control sobre los territorios arrebatados a México. La frontera era un lugar peligroso, lleno de disputas de tierras, enfrentamientos entre rancheros y conflictos entre anglosajones, mexicanos y nativos.

Desde joven, Henry demostró una habilidad natural con las armas y un talento innato para meterse en problemas. Su primera detención fue a los 15 años, cuando fue arrestado por robar comida. Poco después, escapó de la cárcel y comenzó a ser un fugitivo, adoptando el alias de William H. Bonney, aunque la historia lo recordaría con otro nombre: Billy the Kid.

El episodio que marcó su destino ocurrió en 1878, cuando se vio envuelto en la Guerra del Condado de Lincoln, un conflicto entre dos facciones rivales que luchaban por el control económico y político de Nuevo México. Billy se unió al grupo de los Reguladores, liderados por John Tunstall, un ranchero británico que intentaba desafiar el monopolio del comercio en la región. Cuando Tunstall fue asesinado en una emboscada por hombres del bando contrario, Billy juró vengarlo y comenzó su carrera como pistolero. Durante la guerra, Billy the Kid participó en varios enfrentamientos, incluyendo la famosa Batalla de Lincoln, donde se enfrentó a las autoridades locales en un tiroteo que duró varios días. Sus habilidades con las armas y su capacidad para desaparecer en el desierto lo convirtieron en una pesadilla para los agentes de la ley. Se dice que llegó a matar a más de veinte hombres y que usaba el revólver como nadie.

En los años siguientes, Billy continuó escapando de la justicia, robando ganado y sobreviviendo en las sombras. Sin embargo, su suerte comenzó a cambiar cuando el gobernador de Nuevo México, Lew Wallace, ofreció una amnistía a todos los involucrados en la Guerra del Condado de Lincoln. Billy aceptó entregarse a cambio del indulto, pero tras ser encarcelado, la oferta fue retirada y se fugó nuevamente.

La persecución de Billy the Kid se convirtió en una obsesión para Pat Garrett, un excompañero suyo que había sido nombrado sheriff del condado de Lincoln con la misión específica de capturarlo. En 1880, Garrett finalmente logró atrapar a Billy y lo condenaron a la horca por el asesinato del alguacil William Brady. Sin embargo, la historia del forajido aún tenía un último giro. En abril de 1881, Billy protagonizó una de las fugas más legendarias del Viejo Oeste. Mientras esperaba su ejecución en la cárcel de Lincoln, logró apoderarse de un revólver, mató a sus dos guardias y escapó a caballo, burlándose una vez más de la ley. La osadía de su fuga lo convirtió en una celebridad aún mayor, y para muchos, en una figura casi mítica.

Pero su suerte no duraría mucho. El 14 de julio de 1881, en Fort Sumner, Nuevo México, Pat Garrett finalmente lo encontró. Según la versión más aceptada, Billy entró en la casa de Pete Maxwell sin darse cuenta de que Garrett lo estaba esperando. En la oscuridad, preguntó: «¿Quién anda ahí?», y antes de recibir respuesta, Garrett le disparó a quemarropa. Así terminó la vida de Billy the Kid, pero no su leyenda. Su muerte solo alimentó más rumores y teorías. Algunos decían que no había perecido esa noche y que vivió bajo otra identidad durante años. En el siglo XX, varios hombres afirmaron ser Billy the Kid y pidieron ser reconocidos oficialmente, aunque sin pruebas concluyentes. Su tumba, en Fort Sumner, sigue siendo visitada por aquellos que buscan un pedazo de la historia del Viejo Oeste, un recordatorio de que en un tiempo no tan lejano, la ley y la anarquía eran solo dos caras de la misma moneda.

Butch Cassidy y Sundance Kid: Los últimos bandidos del Oeste

En un tiempo en que el Viejo Oeste comenzaba a desvanecerse bajo la expansión del ferrocarril, la llegada de la ley y el avance de la modernidad, dos forajidos desafiaron al destino y se convirtieron en leyenda. Butch Cassidy y Sundance Kid, los líderes de la temida banda Wild Bunch, fueron los últimos grandes bandoleros de la frontera americana, figuras románticas que encarnaron la resistencia contra un mundo que dejaba atrás la era de los pistoleros. Sus robos a bancos y trenes, su constante huida de la justicia y su misterioso final los convirtieron en iconos del crimen con un halo de aventura, inmortalizados en la cultura popular como dos forajidos con estilo y astucia.

Butch Cassidy, cuyo verdadero nombre era Robert LeRoy Parker, nació en 1866 en Utah, en una familia mormona, pero desde joven mostró inclinaciones hacia la delincuencia, aunque con una mentalidad más estratégica que violenta. Aprendió a robar ganado, falsificar documentos y evadir la justicia, convirtiéndose en un ladrón con una filosofía particular: evitar la sangre innecesaria. Su encanto y carisma le permitieron reclutar seguidores y formar su propia banda de forajidos, el Wild Bunch, un grupo de ladrones que operaba en el Oeste y que pronto se especializó en asaltar trenes y bancos con una precisión casi militar.

Por su parte, Sundance Kid, cuyo verdadero nombre era Harry Longabaugh, nació en 1867 en Pensilvania. Su apodo lo obtuvo tras pasar un tiempo en prisión en Sundance, Wyoming. A diferencia de Butch Cassidy, que prefería evitar la violencia, Sundance era un pistolero experto, rápido y letal cuando la situación lo requería. Juntos, formaron un dúo legendario que sembró el caos en la última etapa del Salvaje Oeste.

El Wild Bunch llevó a cabo algunos de los robos más audaces de la época. En 1899, asaltaron un tren de la compañía Union Pacific, logrando una de sus mayores fortunas. En 1901, robaron el First National Bank de Winnemucca, Nevada, huyendo con miles de dólares sin dejar rastro. Sin embargo, lo que los distinguía de otros bandoleros era su capacidad para desaparecer tras cada golpe. Mientras otros forajidos terminaban atrapados o muertos, Butch y Sundance eran maestros del escape.

El final del siglo XIX trajo consigo un cambio en la forma en que las fuerzas del orden perseguían a los criminales. La llegada del Servicio de Detectives Pinkerton, con sus métodos más modernos de investigación y rastreo, hizo que la vida de los forajidos fuera cada vez más difícil. Con un precio por sus cabezas y la ley pisándoles los talones, Butch Cassidy y Sundance Kid tomaron una decisión inusual para bandidos del Oeste: escapar a Sudamérica. En 1901, junto con Etta Place, la pareja de Sundance, se embarcaron rumbo a Argentina, con la esperanza de comenzar una nueva vida. Se establecieron en la región de la Patagonia, donde adquirieron un rancho y trataron de vivir honestamente. Sin embargo, la adrenalina de su antigua existencia al margen de la ley los llamó de vuelta, y pronto volvieron a sus actividades criminales, robando bancos y transportes de dinero en Argentina, Chile y Bolivia.

El final de Butch Cassidy y Sundance Kid sigue siendo un misterio. La versión más aceptada es que murieron en 1908 en Bolivia, tras ser acorralados en la pequeña localidad de San Vicente por el ejército de ese país. Se dice que, tras un enfrentamiento en el que Sundance resultó gravemente herido, Butch lo ayudó a acabar con su sufrimiento antes de quitarse la vida con su última bala. Sin embargo, otras teorías sugieren que Butch pudo haber sobrevivido y regresado a Estados Unidos bajo una identidad falsa. Su historia, convertida en leyenda, inspiró la célebre película *Butch Cassidy and the Sundance Kid* (1969), protagonizada por Paul Newman y Robert Redford, que consolidó la imagen de los dos forajidos como aventureros carismáticos que desafiaron a un mundo que ya no tenía lugar para ellos.

WYATT EARP Y DOC HOLLIDAY: LA DELGADA LÍNEA ENTRE LA LEY Y EL CRIMEN

En el polvoriento y violento mundo del Viejo Oeste, pocos nombres han quedado tan grabados en la memoria colectiva como los de Wyatt Earp y Doc Holliday. Fueron pistoleros, jugadores y, en ocasiones, defensores de la ley, pero su legado ha sido objeto de debate durante más de un siglo. Para algunos, se trató de dos justicieros que impusieron el orden en una tierra sin ley; para otros, no eran más que forajidos con placas de sheriff, hombres tan peligrosos como aquellos a quienes perseguían.

Wyatt Earp nació en 1848 en Illinois y pasó su juventud como cazador de búfalos, agente de la ley y jugador profesional. No tardó en desarrollar una reputación de hombre duro y de gatillo rápido. A lo largo de su vida, se movió entre la legalidad y la ilegalidad con una facilidad que lo convirtió en una figura enigmática. Aunque trabajó como alguacil en varias ciudades del Oeste, también se vio involucrado en negocios turbios, desde casas de juego hasta la prostitución. Su habilidad para sobrevivir en un mundo de criminales sin convertirse del todo en uno de ellos fue lo que lo hizo legendario.

Por otro lado, John Henry "Doc" Holliday nació en 1851 en Georgia, en una familia acomodada del sur. Se formó como dentista, pero una enfermedad cambiaría su destino para siempre. A los 21 años fue diagnosticado con tuberculosis y los médicos le dieron pocos años de vida. Buscando un clima más seco para aliviar sus síntomas, se trasladó al Oeste, donde se reinventó como jugador profesional y pistolero. A pesar de su frágil salud, Doc Holliday tenía una temida reputación con el revólver y se convirtió en un hombre de temperamento explosivo que no dudaba en matar cuando era necesario.

El destino unió a Wyatt Earp y Doc Holliday en 1878 en Dodge City, Kansas, por entonces una de las ciudades más peligrosas del Oeste. Wyatt, que trabajaba como alguacil adjunto, se hizo amigo de Holliday, quien le salvó la vida en un altercado con pistoleros locales. Desde entonces, su amistad fue inseparable. Ambos compartían un código de lealtad inquebrantable y una visión pragmática de la ley: imponían el orden cuando les convenía y lo desafiaban cuando era necesario.

Su historia alcanzó su punto culminante en 1881, en la famosa Batalla del O.K. Corral, en Tombstone, Arizona. Wyatt Earp, junto con sus hermanos Virgil y Morgan, y Doc Holliday, se enfrentaron a los Clanton y los McLaury, una banda de cuatreros y vaqueros que operaban al margen de la ley. El enfrentamiento, que duró menos de 30 segundos, dejó tres muertos y convirtió a Wyatt y Doc en leyendas. Aunque actuaron en nombre de la justicia, su manera de imponer la ley y el orden fue cuestionada por muchos. Algunos testigos afirmaron que los Earp y Holliday ejecutaron a sus oponentes sin darles oportunidad de rendirse.

Pero el duelo en el O.K. Corral no fue el final de la historia. Poco después, los hermanos de Wyatt fueron atacados en venganza, y Morgan Earp murió a tiros en 1882. La respuesta de Wyatt fue implacable: inició lo que se conoce como la Venganza de Earp, un viaje de ejecuciones extrajudiciales en el que cazó y mató a varios de los responsables del asesinato de su hermano. En ese momento, Wyatt Earp ya no era un representante de la ley, sino un forajido más, movido por la venganza y el deseo de hacer justicia por sus propias manos.

Doc Holliday, por su parte, vivió sus últimos años como un hombre enfermo y perseguido. Murió de tuberculosis en 1887 en Colorado, en una cama de hospital, un destino irónico para alguien que había sobrevivido a innumerables duelos. Sus últimas palabras fueron: "Este es el final. Y yo que pensaba que moriría con las botas puestas".

Wyatt Earp, en cambio, logró sobrevivir al Salvaje Oeste. Se trasladó a California, donde trabajó como consultor en Hollywood para las primeras películas del Oeste, ayudando a moldear su propia leyenda. Murió en 1929, a los 80 años, un sobreviviente de una época que ya había desaparecido. "La ley en el Oeste no era más que un revólver en la mano correcta", dijo un cronista sobre la época en la que Earp y Holliday vivieron. Su historia es un reflejo de un mundo donde la justicia y el crimen eran dos caras de la misma moneda, y donde la diferencia entre un sheriff y un forajido dependía, en muchas ocasiones, de quién contara la historia.

Capítulo 5: Ladrones de caminos y bandoleros románticos

Robin Hood: ¿Justiciero real o mito?

La figura de Robin Hood ha perdurado durante siglos como el arquetipo del forajido noble, el ladrón que roba a los ricos para dar a los pobres y que lucha contra la opresión con valentía y astucia. Pero, ¿existió realmente este personaje o es solo un mito medieval? La historia de Robin Hood se mueve en la delgada línea entre la realidad y la leyenda, una construcción literaria que, con el tiempo, ha sido moldeada para encajar con diferentes ideales políticos y sociales.

Las primeras referencias a Robin Hood aparecen en documentos del siglo XIII y XIV, donde su nombre es mencionado en baladas populares y crónicas judiciales. En estos relatos tempranos, se describe a un forajido que vive en los bosques de Inglaterra, desafiando a los recaudadores de impuestos y a los corruptos funcionarios del rey. Su figura se asocia frecuentemente con el condado de Nottinghamshire, donde, según la tradición, se refugiaba en el bosque de Sherwood. Sin embargo, no hay registros históricos claros que confirmen su existencia como un personaje real.

Algunos historiadores han identificado a posibles figuras históricas en las que pudo basarse el mito de Robin Hood. Durante los siglos XII y XIII, hubo varios bandoleros que desafiaron la autoridad en el norte de Inglaterra, especialmente en épocas de conflictos civiles. Uno de los candidatos más citados es un tal Robert Hod, un proscrito mencionado en documentos de la época, cuyo nombre podría haber evolucionado hasta convertirse en Robin Hood. Otros investigadores han relacionado al legendario forajido con figuras como Fulk FitzWarin, un noble rebelde que luchó contra el rey Juan sin Tierra y cuyas hazañas se parecen a las de Robin Hood.

El mito del ladrón que repartía su botín con los pobres también se vio influenciado por el contexto político de la Inglaterra medieval. A lo largo de los siglos, la historia fue adaptándose a las necesidades del momento. En las primeras versiones, Robin Hood es un simple forajido que desafía a los abusivos recaudadores de impuestos. Más tarde, con la consolidación de la monarquía, se le presenta como un leal servidor del rey Ricardo Corazón de León, enfrentado al usurpador Juan sin Tierra. Esta versión fue especialmente popular en el siglo XIX, cuando la literatura romántica convirtió a Robin en un héroe defensor del pueblo.

Uno de los elementos más conocidos del mito es su banda de fieles seguidores, los Merry Men, entre los que destacan Little John, Will Scarlet y Friar Tuck. Cada uno de estos personajes representa diferentes aspectos de la resistencia contra la injusticia: la fuerza, la astucia y la irreverencia. También es fundamental en la historia su relación con Lady Marian, su interés romántico, que en algunas versiones se muestra como una dama noble y en otras como una mujer de espíritu libre que lucha junto a Robin.

El personaje de Robin Hood se ha transformado a lo largo de los siglos en un símbolo de resistencia contra la opresión. Desde las primeras baladas medievales hasta las películas de Hollywood, ha sido interpretado de diferentes maneras: como un rebelde antiautoritario, como un defensor de la monarquía legítima o incluso como un precursor del socialismo. Su frase más célebre: "Robar a los ricos para dar a los pobres", ha sido reinterpretada y utilizada en distintos contextos, aunque en la mayoria de las versiones originales su objetivo principal no era redistribuir la riqueza, sino castigar a los opresores.

"Si Robin Hood no existió, merecía haber existido", escribió el historiador inglés J.C. Holt, destacando cómo la figura del forajido de Sherwood ha servido como inspiración para movimientos populares y ha encarnado el deseo de justicia en diferentes épocas. Aunque su existencia histórica sigue siendo un misterio, su legado es innegable. Ya sea como una figura real que el tiempo ha transformado en mito o como una invención medieval basada sobre las biografías de diferentes forajidos de la época, Robin Hood sigue siendo el eterno símbolo del hombre que desafía a los poderosos y lucha por la justicia con valentía y honor.

SALVATORE GIULIANO: EL BANDOLERO SICILIANO ENTRE LA MAFIA Y LA POLÍTICA

En la historia de los grandes forajidos, pocos personajes han encarnado con tanta complejidad la delgada línea entre el bandolerismo, el idealismo y el crimen organizado como Salvatore Giuliano. Aclamado por algunos como un Robin Hood moderno y perseguido por otros como un asesino despiadado, su vida estuvo marcada por la lucha contra el Estado italiano, la relación ambigua con la mafia siciliana y su trágico destino, envuelto en una maraña de traiciones y conspiraciones políticas.

Giuliano nació en 1922 en Montelepre, un pequeño pueblo en el corazón de Sicilia, en una época en la que la isla estaba sumida en la miseria y la corrupción. Como muchos campesinos de la región, creció en un ambiente de pobreza extrema, dominado por el latifundismo y la falta de oportunidades. Durante la Segunda Guerra Mundial, Sicilia quedó devastada por el conflicto y la ocupación aliada dejó un vacío de poder que fue rápidamente aprovechado por grupos clandestinos, entre ellos la mafia.

La vida de Giuliano cambió para siempre en 1943, cuando, en un incidente menor, fue sorprendido por la policía transportando sacos de trigo sin autorización. Para evitar ser arrestado, disparó y mató a un carabinero. Con ese acto, pasó de ser un campesino más a un fugitivo, condenado a vivir en las montañas de Sicilia y a convertirse en uno de los forajidos más célebres de la historia italiana. Desde su refugio en las colinas, Giuliano organizó una banda de hombres armados que comenzaron a operar en toda Sicilia. Sus métodos combinaban el robo con una especie de justicia social: atacaba a los terratenientes y a los grandes comerciantes, distribuyendo parte del botín entre los campesinos. Esta actitud le valió la simpatía de muchas comunidades rurales, que lo veían como un defensor del pueblo contra el abuso del Estado y de las élites. "No soy un bandido, sino un hombre que lucha por la libertad de Sicilia", declaró en una carta enviada a la prensa.

Sin embargo, Giuliano no era un simple forajido. En 1945, con Italia en plena crisis política tras la caída del fascismo, se unió al movimiento separatista siciliano, que buscaba la independencia de la isla y su posible anexión a Estados Unidos. Su banda, armada y bien organizada, luchó contra las fuerzas del gobierno italiano en una serie de enfrentamientos que convirtieron a Giuliano en un símbolo de resistencia. Se dice que en sus años más activos tenía bajo su mando a más de 600 hombres, con un control casi absoluto sobre varias zonas rurales de la isla.

Pero la política siciliana era un terreno peligroso, y Giuliano, aunque popular, también se convirtió en un obstáculo para la mafia, que veía en su creciente poder una amenaza. El punto de quiebre llegó en 1947, con la Masacre de Portella della Ginestra, un ataque perpetrado por su banda contra una manifestación de campesinos comunistas. El tiroteo dejó 11 muertos y más de 30 heridos, lo que marcó un punto de inflexión en su historia. Aunque Giuliano afirmó que el objetivo era atacar a los líderes políticos y no a los trabajadores, el hecho lo convirtió en el enemigo número uno del Estado. A partir de ese momento, su suerte cambió. A medida que la presión de las autoridades italianas aumentaba, Giuliano comenzó a perder aliados. La mafia, que hasta entonces había tolerado su existencia, empezó a verlo como un problema y, según algunas versiones, llegó a un acuerdo con el gobierno para entregarlo. En 1950, tras años de persecución, Salvatore Giuliano fue encontrado muerto en circunstancias misteriosas en Castelvetrano. La versión oficial dice que fue abatido por la policía en un tiroteo, pero muchas teorías sugieren que fue traicionado por su primo y lugarteniente, Gaspare Pisciotta, quien lo habría asesinado mientras dormía, por orden de la mafia y las autoridades.

El caso de Giuliano sigue envuelto en controversia. Su vida ha sido objeto de libros, películas y teorías sobre su verdadera relación con el poder. Algunos lo consideran un héroe popular que luchó contra el abuso del Estado y defendió a los pobres; otros lo ven como un mercenario ambicioso que utilizó la bandera del separatismo siciliano para justificar su vida de crímenes. "La historia de Giuliano es la historia de Sicilia: una mezcla de heroísmo, violencia y traición", escribió el periodista Giuseppe Fava. Más de setenta años después de su muerte, su figura sigue siendo un símbolo de la rebelión siciliana, un recordatorio de que en las tierras donde la pobreza y la corrupción dominan, los bandidos pueden convertirse en líderes y los líderes, en bandidos.

LUIS CANDELAS: EL CABALLERO LADRÓN DE MADRID

En el imaginario popular de España, pocos bandidos han alcanzado la notoriedad y el carisma de Luis Candelas, el legendario ladrón de Madrid, cuya vida estuvo marcada por la astucia, el lujo y la osadía romántica. A diferencia de los forajidos violentos que sembraban el terror en los caminos, Candelas se distinguió por su elegancia, su ingenio y su capacidad para burlar a las autoridades. Se convirtió en el ladrón más famoso de la capital española durante el siglo XIX, un hombre que robaba con estilo y que, hasta el último momento, mantuvo su orgullo intacto.

Luis Candelas nació en 1804 en el barrio de Lavapiés, en Madrid, en una familia de clase media. Desde joven, demostró una inteligencia aguda y una gran habilidad para el engaño. Su facilidad de palabra y su encanto natural le permitieron moverse con soltura entre la alta sociedad madrileña, a la vez que organizaba sus actividades delictivas en los bajos fondos de la ciudad. A diferencia de otros ladrones de su tiempo, que actuaban con brutalidad, Candelas prefería la discreción y la estrategia: engañaba, disfrazaba su identidad y planificaba robos meticulosos sin derramar sangre.

Entre las muchas historias que rodean su vida, una de las más fascinantes es la de su romance con Clara, una joven de familia acomodada que cayó rendida ante su magnetismo y su vida de aventura. Se dice que la conoció en un elegante baile en la Puerta del Sol, donde, vestido como un caballero de la aristocracia, la cortejó con su labia seductora. Lo que comenzó como un idilio peligroso pronto se convirtió en un problema para Candelas. Clara no solo lo amaba, sino que también lo protegía y ayudaba en sus planes. Se dice que en más de una ocasión le advirtió de redadas policiales y le proporcionó refugio en su casa familiar. Sin embargo, el romance no pasó desapercibido para los agentes de la ley, que vieron en la joven un punto débil en la impecable estrategia de Candelas. Bajo presión, Clara reveló involuntariamente una pista sobre su paradero, lo que llevó a las autoridades a estrechar el cerco sobre el famoso bandido.

Uno de los lugares más legendarios asociados a Candelas es su famosa cueva en la Plaza Mayor, que aún se conserva en la actualidad. Ubicada en los subterráneos de la ciudad, esta cueva servía de refugio secreto y centro de operaciones para el ladrón y su banda. Era un laberinto de pasadizos y habitaciones ocultas, donde se almacenaban los botines y se planificaban los golpes más audaces. Se cuenta que en varias ocasiones, cuando la policía de Madrid lo perseguía, Candelas lograba desaparecer sin dejar rastro, usando un ingenioso sistema de túneles que conectaban la cueva con diferentes puntos del centro de la ciudad. Algunas versiones afirman que incluso pudo haber escapado de la cárcel a través de estos pasajes subterráneos.

Pero ni siquiera su astucia y su red de escondites pudieron salvarlo para siempre. En 1837, tras años de burlarse de la justicia, Luis Candelas fue finalmente capturado en Zaragoza y trasladado a Madrid para ser juzgado. A pesar de sus intentos por negociar su libertad y de su popularidad entre el pueblo, el gobierno de Isabel II quería dar un escarmiento ejemplar. Fue condenado a muerte y ejecutado en el garrote vil el 6 de noviembre de 1837, en la Plaza de la Cebada. Sus últimas palabras han quedado para la historia: "¡Adiós, patria mía! Sé que muero injustamente, pero perdono a mis jueces. No he sido un criminal, solo un hombre que ha querido vivir mejor de lo que permitían las leyes".

Luis Candelas sigue siendo recordado como el caballero ladrón de Madrid, una figura que desafió a la sociedad de su tiempo con astucia y sin violencia. Su historia ha inspirado novelas, obras de teatro y películas, y su nombre aún resuena en las calles de Lavapiés, donde alguna vez fue un niño con grandes sueños y el deseo de burlar un destino ordinario. No fue un bandido cualquiera, sino un hombre que convirtió el robo en un arte y que supo, hasta el último momento, mantener su dignidad frente a la muerte.

Dick Turpin: El salteador de caminos más temido de Inglaterra

En la Inglaterra del siglo XVIII, cuando los caminos eran tan peligrosos como las ciudades, pocos nombres infundieron tanto miedo y fascinación como el de Dick Turpin, el salteador de caminos más célebre del país. A diferencia de otros forajidos que quedaron relegados a la historia criminal, Turpin se convirtió en un mito romántico, un hombre envuelto en leyendas que lo describen como un caballero bandolero, un hábil jinete y un ladrón con carisma. Sin embargo, la realidad de su vida fue mucho más oscura: lejos de ser un héroe galante, fue un criminal despiadado, un ladrón de ganado, asesino y saqueador sin escrúpulos.

Richard Turpin nació en 1705 en Essex, en el seno de una familia de clase media. Su padre era un posadero respetado, y Turpin, en teoría, tenía una vida estable por delante. Sin embargo, desde joven mostró inclinación por la delincuencia y se unió a una banda de ladrones de ganado, una de las formas más comunes de crimen en la Inglaterra rural del siglo XVIII. La banda, conocida como los Gregory Gang, operaba en Essex y el sur de Inglaterra, dedicándose al robo de caballos, asaltos en granjas y extorsión.

Turpin pronto se hizo notar por su brutalidad. A diferencia de la imagen romántica que el siglo XIX construiría sobre él, la realidad era que no dudaba en usar la violencia para obtener lo que quería. En una ocasión, su banda torturó a un anciano para obligarlo a revelar la ubicación de su dinero, un acto que contrastaba completamente con la imagen de "caballero bandido" que más tarde se le atribuyó. Cuando la Gregory Gang fue desmantelada por las autoridades, Turpin se vio obligado a huir y a reinventarse. Fue entonces cuando adoptó la identidad de un *highwayman,* un salteador de caminos, el equivalente inglés de los bandidos españoles o los pistoleros del Viejo Oeste. Los highwaymen eran criminales que atacaban carruajes en las rutas comerciales, aprovechando la falta de seguridad y la riqueza de los viajeros. Vestían con elegancia, usaban máscaras y solían abordar a sus víctimas con frases teatrales como: «¡Deteneos y entregad vuestro oro!»

La imagen de Turpin como un bandolero astuto y elegante proviene de esta etapa de su vida. Se decía que siempre iba montado en su veloz caballo Black Bess, con el que podía recorrer grandes distancias en tiempos récord. La leyenda más famosa sobre él cuenta que, en una noche, cabalgó desde Londres hasta York, recorriendo casi 320 kilómetros en menos de 24 horas para evitar ser capturado. Tras varios años de asaltos, Turpin fue capturado no por su carrera como bandolero, sino por robar caballos, un delito grave en la Inglaterra del siglo XVIII. Fue arrestado en York en 1739, donde intentó ocultar su identidad bajo un nombre falso, pero fue reconocido gracias a una carta que envió a su familia.

El 7 de abril de 1739, Dick Turpin fue ejecutado en la horca en Knavesmire, York, ante una multitud de espectadores. Se dice que afrontó su destino con valentía, vistiendo sus mejores ropas y saludando a la multitud antes de lanzarse voluntariamente desde el patíbulo para acelerar su muerte. A pesar de su brutalidad, la memoria de Turpin fue transformada en el siglo XIX por la literatura romántica, que lo convirtió en un héroe rebelde, un caballero bandido que robaba con estilo y que nunca derramaba sangre innecesaria. Esta imagen idealizada fue reforzada por novelas y obras de teatro, en las que se le retrataba como un Robin Hood inglés, un hombre que desafiaba a la autoridad con inteligencia y carisma.

Capítulo 6: Los robos más audaces de la historia

EL ASALTO AL TREN DE GLASGOW: UN GOLPE MAESTRO

El asalto al tren de Glasgow, también conocido como el Gran Robo del Tren de 1963, es uno de los más audaces y sofisticados de la historia moderna. No solo por la magnitud del botín, sino por la meticulosidad con la que fue planeado y ejecutado. Un golpe maestro llevado a cabo sin armas de fuego, con una precisión casi quirúrgica y con un resultado que dejó perplejas a las autoridades británicas. Durante años, este atraco se convirtió en el modelo de un crimen perfecto, aunque su desenlace demostraría que ningún robo está libre de errores.

La madrugada del 8 de agosto de 1963, un grupo de 15 hombres, liderados por Bruce Reynolds, detuvo el tren postal nocturno que viajaba de Glasgow a Londres. El convoy transportaba millones de libras esterlinas en efectivo, dinero procedente de depósitos bancarios y de envíos internacionales que debían ser trasladados a la capital británica. Normalmente, este tipo de transporte era considerado seguro, pero la banda de Reynolds había pasado meses estudiando su ruta y descubrió su punto débil: un tramo aislado en Ledburn, cerca de la frontera entre Inglaterra y Escocia, donde no había estaciones ni vigilancia cercana.

El plan se ejecutó con una precisión asombrosa. Utilizando una señal de ferrocarril falsa, los ladrones hicieron que el tren se detuviera en el lugar exacto que habían elegido para el golpe. Acto seguido, abordaron la locomotora, redujeron al maquinista y desconectaron el vagón en el que viajaban los guardias de se-

75

guridad, dejando aislada la parte del tren que contenía el dinero. En cuestión de minutos, los asaltantes descargaron 120 sacos de billetes, con un valor estimado en 2.6 millones de libras esterlinas, el equivalente a más de 50 millones de dólares actuales.

A diferencia de otros robos famosos, este atraco no se basó sobre la violencia, sino en la inteligencia y la organización. Los ladrones llevaban guantes para no dejar huellas, utilizaron máscaras para evitar ser identificados y planificaron cada paso con la meticulosidad de una operación militar. Incluso seleccionaron una granja abandonada en las afueras de Londres como su escondite temporal, donde planeaban esperar a que la atención mediática sobre el robo se disipara. Sin embargo, la perfección del plan tuvo un punto débil: el factor humano. La banda cometió un error crucial al dejar huellas y pruebas en la granja que usaron como refugio. Cuando la policía la descubrió, encontró evidencias que los condujeron a varios de los implicados. Poco a poco, los investigadores fueron capturando a los miembros de la banda y en 1964 la mayoría fueron condenados a largas penas de prisión.

Uno de los criminales más famosos del asalto fue Ronnie Biggs, quien se hizo célebre no solo por participar en el robo, sino por escapar de la cárcel en 1965 y huir a Brasil, donde vivió durante décadas. Su fuga lo convirtió en una figura mediática, y aunque el gobierno británico intentó extraditarlo varias veces, la legislación brasileña lo protegió. No fue hasta el año 2001 que Biggs decidió regresar voluntariamente al Reino Unido, donde fue encarcelado hasta su liberación por motivos de salud en 2009.

El Gran Robo del Tren de 1963 marcó un hito en la historia del crimen. Su sofisticación y su ejecución sin violencia lo convirtieron en un caso emblemático, que ha inspirado películas, libros y teorías sobre qué sucedió realmente con parte del dinero robado. "Fue el crimen del siglo", declaró un investigador británico años después, al recordar la audacia del golpe.

El robo del siglo en Brasil: El golpe al Banco Central de Fortaleza

En la madrugada del 5 de agosto de 2005, Brasil fue testigo de uno de los robos más ingeniosos y espectaculares de la historia moderna: el asalto al Banco Central de Fortaleza, un golpe maestro en el que un grupo de criminales logró llevarse 160 millones de reales (aproximadamente 70 millones de dólares en ese momento) sin disparar un solo tiro. Más que un simple atraco, el robo fue una obra de ingeniería criminal que desafió la seguridad bancaria y dejó perplejas a las autoridades.

A diferencia de otros, este asalto no se realizó a plena luz del día ni con armas de fuego. En su lugar, los ladrones utilizaron un método digno de una película de Hollywood: cavaron un túnel de 80 metros que pasaba por debajo de varias calles de Fortaleza, la capital del estado de Ceará, hasta llegar directamente a la bóveda del banco. La planificación fue meticulosa, y el túnel fue construido con una precisión impresionante. Contaba con soportes de madera, iluminación, ventilación y revestimiento para evitar derrumbes, lo que permitió a los criminales trabajar sin ser detectados durante varios meses. Para despistar a las autoridades, los ladrones alquilaron un local en el centro de Fortaleza, que funcionaba como una supuesta empresa de jardinería. Desde allí, excavaron pacientemente, ocultando toneladas de tierra en camiones para no levantar sospechas. La elección del banco no fue casualidad: la bóveda del Banco Central de Brasil en Fortaleza almacenaba grandes cantidades de dinero en efectivo, y su sistema de seguridad, aunque avanzado, no contemplaba un ataque subterráneo.

Cuando finalmente lograron abrir un agujero en el suelo de la bóveda de seguridad del banco, los ladrones ingresaron y, sin activar alarmas, extrajeron más de 3.5 toneladas de billetes, todos en denominaciones pequeñas, lo que dificultaría su rastreo. Para cuando los empleados descubrieron el robo el lunes siguiente, los criminales ya habían desaparecido sin dejar rastro y el asalto causó conmoción en Brasil y en el mundo. Fue apodado "el robo del siglo", no solo por la cantidad de dinero sustraída, sino por la audacia y la planificación del golpe. La policía brasileña inició una de las mayores investigaciones de su historia, movilizando equipos especializados para rastrear a los responsables.

A lo largo de los meses siguientes, varios miembros de la banda fueron capturados, pero el caso estuvo marcado por una serie de eventos trágicos y misteriosos. Uno de los supuestos líderes del robo, Antônio Jussivan Alves dos Reis, alias "Toninho da Barcelona", fue arrestado años después, pero muchos de los implicados fueron asesinados en circunstancias sospechosas, lo que llevó a especulaciones sobre una posible guerra interna entre los criminales por la división del botín. A pesar de los esfuerzos de la policía, gran parte del dinero nunca fue recuperado. Se cree que parte del dinero fue blanqueado en negocios y propiedades en Brasil y en el extranjero, y que algunos de los responsables lograron desaparecer sin dejar rastro. "Fue el robo perfecto, excepto por un detalle: el dinero siempre deja huellas", declaró un investigador brasileño sobre el caso. Aunque varios de los involucrados fueron arrestados y condenados, la historia del robo al Banco Central de Fortaleza sigue rodeada de incógnitas. Más que un simple robo, el golpe de Fortaleza fue una demostración de que, con paciencia y precisión, incluso las bóvedas más seguras pueden ser vulneradas desde el lugar menos esperado: el suelo bajo nuestros pies.

D.B. Cooper: El secuestrador de aviones que desapareció sin dejar rastro

Pocos crímenes en la historia de Estados Unidos han desconcertado tanto a las autoridades como el caso de D.B. Cooper, el hombre que, en 1971, secuestró un avión, obtuvo un rescate de 200.000 dólares y desapareció sin dejar rastro. Su audaz escape, su identidad desconocida y la falta de evidencia concreta que pueda llevar a él, han convertido este caso en uno de los misterios más fascinantes del crimen moderno, un enigma sin resolver que ha dado lugar a innumerables teorías y especulaciones.

El 24 de noviembre de 1971, víspera del Día de Acción de Gracias, un hombre que usó el nombre falso de Dan Cooper compró un boleto de avión en el aeropuerto de Portland, Oregón, para un vuelo de Northwest Orient Airlines con destino a Seattle. Vestía un traje oscuro, corbata negra y gafas de sol, y no levantaba sospechas entre los pasajeros. Minutos después del despegue, entregó una nota a una azafata en la que decía que tenía una bomba en su maletín. Cuando la azafata, incrédula, ignoró la nota, Cooper se inclinó hacia ella y le susurró: "Señorita, debería leer eso. Tengo una bomba".

El secuestrador fue metódico y tranquilo en todo momento. Exigió 200.000 dólares en billetes de 20 dólares, cuatro paracaídas y un camión de combustible listo en el aeropuerto de Seattle para repostar el avión. A lo largo del vuelo, se comportó de manera educada con la tripulación, incluso pagó su consumo a bordo y permitió que los pasajeros aterrizaran en Seattle sin incidentes. Una vez recibió el dinero y los paracaídas, ordenó a la tripulación que despegara de nuevo con rumbo a Ciudad de México, a baja altitud y velocidad reducida. Aproximadamente a las 20:13, en algún punto sobre los bosques del estado de Washington, Cooper abrió la puerta trasera del avión y saltó en paracaídas en plena tormenta, llevándose el dinero con él. Nadie en la cabina lo vio escapar y solo encontraron la puerta abierta y su corbata abandonada en el asiento.

La desaparición de Cooper dio inicio a una de las investigaciones más largas del FBI, conocida como NORJAK (Northwest Hijacking). Equipos de búsqueda recorrieron durante meses los bosques de Washington y Oregón en busca de rastros del secuestrador, pero no descubrieron ninguna señal de su paradero. Aunque el FBI presumía que Cooper no había sobrevivido al salto —debido a las condiciones climáticas extremas, la altura y el equipo rudimentario—, nunca se halló su cuerpo ni se registró su presencia en hospitales o morgues de la región. El único hallazgo relevante ocurrió en 1980, cuando un niño llamado Brian Ingram encontró 5.800 dólares en billetes deteriorados a orillas del río Columbia, cerca de Vancouver, Washington. Los números de serie coincidían con los billetes del rescate de Cooper, pero el resto del dinero jamás apareció.

A lo largo de las décadas, han surgido cientos de teorías sobre la identidad y el destino de D.B. Cooper. Algunos creen que murió en el salto del avión y que su cuerpo nunca fue encontrado. Otros sostienen que logró escapar y vivir en el anonimato, cambiando de identidad. El FBI investigó a múltiples sospechosos, pero nunca obtuvo pruebas concluyentes. El caso fue oficialmente cerrado en 2016, tras 45 años de investigación sin resultados definitivos. Sin embargo, sigue siendo un tema de debate entre criminólogos, historiadores y entusiastas de los misterios sin resolver.

"Cooper es el último gran enigma del crimen en Estados Unidos", declaró un exagente del FBI. "Fue un hombre que desafió al sistema, burló la seguridad aérea y desapareció sin dejar rastro. Si está vivo, se llevó el secreto a la tumba".

El gran robo de la Mona Lisa: ¿Cómo un carpintero engañó al Louvre?

El robo del célebre cuadro de Leonardo da Vinci, conocido como *La Mona Lisa*, en 1911 es, sin duda, uno de los crímenes más insólitos y fascinantes de la historia del arte. No fue obra de una banda sofisticada ni de un ladrón con conocimientos avanzados en seguridad, sino de un carpintero italiano llamado Vincenzo Peruggia, quien, en un acto de audacia increíble, logró sustraer la obra más famosa del mundo del mismísimo Museo del Louvre. Su hurto no solo puso en jaque a la policía francesa, sino que, irónicamente, convirtió a *La Mona Lisa* en la pintura más famosa del planeta.

La mañana del 21 de agosto de 1911, el Louvre abrió sus puertas como de costumbre. Los visitantes paseaban entre las galerías sin sospechar que una de sus joyas más preciadas había desaparecido. En aquel entonces, la pintura de Leonardo da Vinci aún no ostentaba el estatus icónico que tiene hoy, pero su ausencia pronto desataría un escándalo mundial. El museo entró en pánico cuando los empleados descubrieron que el cuadro no estaba en su lugar. Al principio, se creyó que había sido retirado para una sesión de restauración o fotografía. Sin embargo, al revisar los registros, se confirmó que nadie había autorizado su traslado. *La Mona Lisa* había sido robada.

La investigación fue inmediata y caótica. Se cerraron las fronteras de Francia, se detuvo a decenas de sospechosos y se interrogó a todos los empleados del museo. Incluso Pablo Picasso y el poeta Guillaume Apollinaire fueron considerados sospechosos y sometidos a interrogatorios, ya que la bohemia parisina de la época tenía conexiones con traficantes de arte. Sin embargo, no había rastro de la pintura ni indicios claros sobre el autor del robo. Lo que nadie imaginaba era que *La Mona Lisa* nunca había salido de París. Vincenzo Peruggia, un carpintero italiano que había trabajado en el Louvre fabricando vitrinas de protección para varias pinturas, había ideado un plan tan sencillo como efectivo: se escondió dentro del museo durante la noche y salió con la obra oculta bajo su abrigo al día siguiente.

El golpe fue ejecutado con sorprendente facilidad. La mañana del lunes 21 de agosto, cuando el museo estaba cerrado al público, Peruggia se puso una bata blanca similar a la que usaban los empleados del Louvre, lo que le permitió moverse sin levantar sospechas. Caminó hasta la sala donde se exhibía *La Mona Lisa*, la descolgó con calma y salió del edificio por una puerta lateral sin que nadie lo detuviera.

Durante más de dos años, la pintura permaneció escondida en su modesto apartamento de París. Mientras la policía francesa buscaba a ladrones internacionales y traficantes de arte, el óleo estaba a pocos kilómetros del Louvre, guardada en un baúl. Finalmente, en 1913, Peruggia intentó vender la pintura a un marchante de arte en Florencia, asegurando que su intención era devolverla a Italia, convencido de que Leonardo da Vinci nunca quiso que su obra permaneciera en Francia. El comerciante, sospechando de la autenticidad de la historia, alertó a las autoridades y Peruggia fue arrestado.

El juicio fue breve y, sorprendentemente, la sentencia no fue severa. Peruggia alegó que había robado *La Mona Lisa* por patriotismo, convencido de que pertenecía a Italia y no al Louvre. Su argumento, aunque ingenuo, le valió la simpatía de algunos sectores de la prensa italiana, y fue condenado a solo un año y 15 días de prisión. Lo irónico del robo es que, antes de 1911, *La Mona Lisa* no era la pintura más famosa del mundo. Aunque admirada por los especialistas en arte, no tenía el estatus icónico que posee hoy. Su desaparición y la atención mediática global que generó la transformaron en un fenómeno mundial. Cuando fue devuelta al Louvre, en 1914, miles de personas hicieron fila solo para ver la obra que había sido recuperada.

PARTE III:
TIMADORES Y FALSIFICADORES: MAESTROS DEL ENGAÑO

Capítulo 7: Estafadores legendarios

VÍCTOR LUSTIG: EL HOMBRE QUE VENDIÓ LA TORRE EIFFEL... DOS VECES

Si la historia de la estafa tuviera un panteón de grandes maestros, Víctor Lustig ocuparía un lugar de honor. Fue un hombre cuya audacia, carisma y capacidad de manipulación lo convirtieron en uno de los mayores estafadores del siglo XX. Sin embargo, lo que lo distingue de otros trúhanes no es solo su éxito en los fraudes, sino una hazaña sin precedentes: logró vender la Torre Eiffel... dos veces.

Nacido en 1890 en Hungría, Lustig mostró desde joven una inteligencia excepcional y una facilidad innata para los idiomas y el engaño. Durante su juventud, recorrió Europa estafando a empresarios, aristócratas y comerciantes incautos, siempre con una apariencia impecable y una labia envolvente. Su fama como estafador comenzó con pequeños fraudes, pero su ambición lo llevó a diseñar el que sería su golpe maestro. En 1925, cuando París atravesaba dificultades económicas tras la Primera Guerra Mundial, Lustig ideó un plan basado sobre la incertidumbre y el caos político de la época. La Torre Eiffel, construida en 1889 para la Exposición Universal, era vista por muchos como una estructura innecesaria y costosa de mantener. Se rumoreaba que el gobierno francés consideraba desmontarla, lo que le dio a Lustig la idea perfecta para su estafa.

Haciéndose pasar por un alto funcionario del gobierno francés, contactó a varios empresarios del sector de la chatarra y los invitó a una reunión secreta en un lujoso hotel de París. Con un aire de autoridad y documentos falsificados, explicó que el mantenimiento de la Torre Eiffel era insostenible y que el gobierno había decidido venderla en secreto como material de desecho. Debido a la "delicadeza del asunto", les pidió discreción absoluta y les ofreció la oportunidad de presentar ofertas para la compra de la torre. Uno de los empresarios, André Poisson, cayó en la trampa. Convencido de que tenía una oportunidad única para enriquecerse, pagó una suma considerable a Lustig para asegurarse el contrato de demolición de la Torre Eiffel. Para dar más credibilidad al fraude, Lustig incluso aceptó un soborno adicional, lo que reforzó la idea de que era un trato legítimo.

Cuando Poisson descubrió la verdad, ya era demasiado tarde. Avergonzado por haber sido engañado, no denunció el fraude, lo que permitió que Lustig escapara sin problemas. Sorprendentemente, unos meses después, regresó a París y repitió la estafa con otro empresario, aunque en esta segunda ocasión el fraude fue descubierto antes de concretarse, obligándolo a huir a Estados Unidos.

Pero la Torre Eiffel no fue su único gran golpe. Una vez en Estados Unidos, Lustig diseñó otro ingenioso fraude: la "caja de billetes", un dispositivo supuestamente capaz de imprimir dólares genuinos. Su truco consistía en colocar dos billetes auténticos en la máquina y hacer que esta "produjera" una copia idéntica en un lapso de seis horas. Para cuando sus víctimas se daban cuenta de que la máquina no funcionaba, Lustig ya había desaparecido con el dinero.

Su suerte cambió en 1935, cuando fue arrestado por agentes del FBI tras una serie de estafas bancarias y falsificación de moneda. En su celda, incluso logró engañar a los guardias y escapar, aunque fue capturado poco después. Finalmente, lo condenaron a 20 años de prisión y fue enviado a Alcatraz, donde murió en 1947. Lustig no era solo un estafador, era un artista del engaño, su historia es un testimonio de cómo la audacia, la psicología y la inteligencia pueden convertir a un hombre en leyenda. No fue el primer estafador de la historia, pero se erigió uno de los más ingeniosos, el hombre que logró vender la Torre Eiffel no una, sino dos veces, y que hasta el final de sus días mantuvo la elegancia y el ingenio que lo hicieron famoso.

GREGOR MACGREGOR: EL ESTAFADOR QUE INVENTÓ UN PAÍS FICTICIO

En la historia de las grandes estafas, hay quienes han engañado a individuos, bancos y gobiernos. Pero Gregor MacGregor, un aventurero y exmilitar escocés del siglo XIX, llevó el fraude a otro nivel: no solo inventó un país, sino que logró venderlo a cientos de inversores incautos, prometiéndoles tierras en un paraíso inexistente. Su estafa, conocida como el fraude de Poyais, es uno de los engaños más ambiciosos y surrealistas jamás registrados.

MacGregor nació en 1786 en Escocia y comenzó su carrera como soldado en la guerra contra Napoleón. Tras su servicio en el ejército británico, viajó a América del Sur, donde se unió a las guerras de independencia contra España. Peleó bajo las órdenes de Simón Bolívar, obteniendo el rango de general y ganándose la reputación de ser un valiente pero astuto mercenario. Sin embargo, su mayor batalla no la libró en los campos de batalla, sino en los salones de Europa, donde llevó a cabo su fraude más espectacular. En 1820, MacGregor regresó a Londres con una historia extraordinaria: decía haber sido nombrado Príncipe de Poyais, un país supuestamente ubicado en la costa de Centroamérica, en lo que hoy es Honduras o Nicaragua. Según su relato, Poyais era una nación próspera y virgen, llena de tierras fértiles, ríos navegables y riquezas naturales esperando ser explotadas.

Presentó documentos falsificados que lo acreditaban como el gobernante legítimo del territorio y aseguró que el país necesitaba colonos para desarrollarse.

Para hacer su relato más convincente, publicó una guía oficial titulada *Esbozo de Poyais*, en la que describía el país como un paraíso tropical, con un gobierno estable, una economía en crecimiento y grandes oportunidades para los inversionistas. Incluso diseñó un sistema de gobierno, una bandera y una moneda propia, y vendió bonos del país ficticio y hasta títulos de propiedad sobre tierras inexistentes.

La estafa fue tan bien elaborada que cientos de personas, incluyendo empresarios, soldados retirados y familias enteras, invirtieron en la colonia de Poyais. En 1822, más de 200 colonos británicos partieron rumbo al supuesto país, en barcos fletados por MacGregor. Sin embargo, al llegar a la costa de Honduras, descubrieron la terrible verdad: Poyais no existía. No había ciudades, ni infraestructuras, ni tierras cultivables. Solo una jungla inhóspita y tribus locales que desconocían la existencia del supuesto príncipe.

Abandonados a su suerte, muchos de los colonos murieron por enfermedades tropicales y hambre, mientras que otros fueron rescatados por barcos británicos que, alarmados por los reportes de la tragedia, acudieron en su auxilio. Cuando la estafa salió a la luz, MacGregor ya había desaparecido con la fortuna obtenida a través de la venta de bonos y tierras falsas.

Lo más sorprendente es que, lejos de ser arrestado, MacGregor huyó a Francia y repitió el fraude con otro grupo de inversores. Incluso intentó vender Poyais a otros países europeos antes de que las autoridades finalmente lo descubrieran y lo encarcelaran. Aun así, nunca enfrentó una condena severa y terminó sus días en Venezuela, donde recibió una pensión militar por sus servicios en las guerras de independencia. Murió en 1845, sin haber pagado por el colosal engaño que dejó a cientos de familias arruinadas y que sigue siendo considerado una de las estafas más audaces de la historia.

CHARLES PONZI: EL CREADOR DEL ESQUEMA PIRAMIDAL MÁS FAMOSO

Si hay un nombre que quedó grabado en la historia del fraude financiero, es el de Charles Ponzi, el hombre que ideó uno de los esquemas de inversión más lucrativos y deshonestos de todos los tiempos. Su método, conocido hoy como el esquema Ponzi, ha sido replicado por innumerables estafadores a lo largo del siglo XX y XXI, pero ninguno alcanzó el nivel de audacia y magnitud del fraude original.

Nacido en 1882 en Italia, Carlo Pietro Giovanni Guglielmo Tebaldo Ponzi creció en una familia modesta. En busca de fortuna, emigró a Estados Unidos en 1903, con apenas unos dólares en el bolsillo y la esperanza de convertirse en un hombre de éxito. Sin embargo, su vida en América fue una constante lucha por la supervivencia. Trabajó en diversos empleos mal pagados, y tras un breve periodo en prisión por fraude en Canadá, regresó a Boston, donde ideó el plan que lo haría famoso. En 1919, Ponzi descubrió una oportunidad en un producto financiero relativamente desconocido: los cupones de respuesta internacional, utilizados para enviar correspondencia entre distintos países. Se dio cuenta de que, debido a las diferencias en las tasas de cambio, era posible comprar estos cupones en Europa a precios muy bajos y canjearlos en Estados Unidos por sellos de mayor valor, obteniendo una ganancia significativa.

Enseguida, sobre esta idea legítima, construyó un fraude monumental. Prometió a los inversores rendimientos del 50%

en 45 días y del 100% en 90 días, cifras desorbitadas que rápidamente atrajeron a miles de personas. La clave de su esquema era que no estaba generando ganancias reales, sino que utilizaba el dinero de los nuevos inversores para pagar a los antiguos, dando la ilusión de que el sistema funcionaba. El boca a boca hizo que la inversión en Ponzi explotara. En cuestión de meses, miles de personas depositaron sus ahorros en su empresa, la Securities Exchange Company, creyendo que habían encontrado el negocio perfecto, la gallina de los huevos de oro. En su apogeo, Ponzi ganaba más de 250.000 dólares diarios (el equivalente a varios millones en la actualidad) y vivía como un magnate: compró una mansión, autos de lujo y vestía con trajes elegantes.

Sin embargo, como cualquier esquema piramidal, su fraude tenía un problema estructural: solo funcionaba mientras entrara dinero nuevo. En 1920, los periodistas financieros comenzaron a investigar su empresa y descubrieron que su modelo de negocio era insostenible a largo plazo. Cuando los inversores empezaron a exigir la devolución de su dinero, el sistema colapsó y todo fue descubierto. Ponzi fue arrestado en agosto de 1920 y condenado a cinco años de prisión por fraude. Su caída fue tan rápida como su ascenso. Tras cumplir su sentencia, fue deportado a Italia y, tras algunos intentos fallidos de seguir estafando, terminó en Brasil en la más absoluta pobreza. Murió en 1949 en un hospital de caridad en Río de Janeiro, sin dinero ni poder, recordado por el esquema que llevó su nombre. "Quise darles el sueño americano, pero les vendí una ilusión", confesó Ponzi antes de morir. Lo que comenzó como la ambición de un inmigrante por triunfar en América terminó convirtiéndose en un modelo de fraude que aún engaña a miles de personas cada año.

Bernard Madoff: El fraude financiero más grande del siglo XXI

Si Charles Ponzi fue el pionero del esquema piramidal, Bernard Madoff fue su máximo exponente en la era moderna. Con una estafa que duró más de 30 años y alcanzó cifras inimaginables, Madoff perpetró el mayor fraude financiero de la historia, engañando a bancos, fondos de inversión, celebridades y miles de inversionistas que confiaban en su reputación impecable. Su caída en 2008 no solo destruyó fortunas, sino que expuso las debilidades del sistema financiero global y demostró que, incluso en Wall Street, el engaño puede esconderse a plena vista.

Madoff nació en 1938 en Nueva York, en una familia de origen judío de clase media. Desde joven mostró interés en las finanzas y, tras estudiar en la Universidad de Hofstra, fundó en 1960 su propia firma de inversión, Bernard L. Madoff Investment Securities LLC. Con una imagen de hombre respetable y un enfoque innovador, Madoff se convirtió en una figura influyente en Wall Street. Fue pionero en el uso de la tecnología para el comercio de acciones y llegó a ser presidente del Nasdaq, el mercado de valores electrónicos más importante del mundo.

Lo que pocos sabían era que, detrás de su prestigio, Madoff operaba un esquema Ponzi de dimensiones colosales. Su estrategia era simple pero efectiva: prometía rendimientos constantes del 10-12% anual, sin importar las condiciones del mercado. Sus clientes creían que su fondo utilizaba estrategias avanzadas de inversión, pero en realidad no invertía el dinero. En su lugar, utilizaba los ingresos de nuevos inversores para pagar los rendimientos de los antiguos, exactamente como lo hizo Charles Ponzi casi un siglo antes.

Durante décadas, su fraude se mantuvo gracias a su imagen intachable y a la exclusividad con la que manejaba su fondo.

Madoff solo aceptaba inversores selectos, lo que generaba una sensación de exclusividad que hacía que muchos ricos y poderosos hicieran fila para entrar en su esquema. Fondos de inversión, bancos, universidades y hasta organizaciones benéficas confiaban ciegamente en él. Entre sus clientes estaban celebridades como Steven Spielberg, Kevin Bacon, John Malkovich y Larry King, además de familias adineradas y grandes bancos internacionales. La clave de su éxito fue la discreción y la confianza ciega de sus clientes. Madoff no ofrecía rendimientos descomunales, sino que mantenía una estabilidad engañosa, lo que le permitió operar durante más tiempo sin levantar sospechas. A pesar de algunos intentos por parte de analistas financieros de exponer la farsa, la Comisión de Bolsa y Valores de EE.UU. (SEC) nunca lo investigó a fondo, lo que le permitió seguir operando sin interrupciones.

Sin embargo, la crisis financiera de 2008 fue su perdición. Cuando miles de inversores intentaron retirar su dinero debido al colapso de los mercados, Madoff no pudo sostener la farsa, no tenía suficiente dinero para pagarles. La estafa se derrumbó cuando él mismo confesó a sus hijos que su fondo de inversión era "una gran mentira". Su familia lo entregó a las autoridades y, en diciembre de 2008, fue arrestado.

El fraude alcanzó los 65.000 millones de dólares y afectó a más de 4.800 inversores en todo el mundo. Él fue condenado en 2009 a 150 años de prisión, la sentencia máxima posible. Durante el juicio, Madoff admitió su culpa y dijo: "Cuando comencé, pensé que podía detenerlo... pero se convirtió en un monstruo que no pude controlar". Bernard Madoff murió en 2021 en una prisión federal, dejando tras de sí uno de los mayores escándalos financieros de la historia.

Capítulo 8: Grandes falsificadores de la historia

HAN VAN MEEGEREN: EL PINTOR QUE ENGAÑÓ A LOS NAZIS

Si existe un nombre que destaca en la historia de la falsificación artística, ese es el de Han van Meegeren, el hombre que no solo logró engañar a críticos de arte y museos prestigiosos con sus falsificaciones, sino que también estafó a los nazis durante la Segunda Guerra Mundial. En un giro irónico del destino, lo que comenzó como una venganza contra el elitismo del mundo del arte terminó convirtiéndose en una de las estafas más espectaculares del siglo XX, donde la mentira fue tan brillante que se convirtió en arte en sí misma.

Van Meegeren nació en 1889 en los Países Bajos, en una época en la que el arte todavía estaba dominado por la tradición académica y la reverencia por los grandes maestros del pasado. Aunque estudió pintura y demostró un gran talento, su obra fue duramente criticada por los expertos de la época, quienes lo consideraban un artista mediocre y sin creatividad. Frustrado por el rechazo de los expertos, Van Meegeren tomó una decisión radical: si no podían reconocer su talento bajo su propio nombre, los obligaría a admirarlo bajo el de otro. Y a partir de la década de 1920 comenzó a falsificar obras de Johannes Vermeer, el célebre pintor holandés del Siglo de Oro. La elección no fue casualidad: Vermeer era un artista altamente valorado, pero con un catálogo muy reducido de obras conocidas, lo que facilitaba la idea de que existieran "nuevos descubrimientos". Con una técnica minuciosa, Van Meegeren estudió los materiales y métodos del siglo XVII, utilizando pigmentos antiguos, lienzos de la época y horneando sus cuadros para darles una apariencia envejecida.

Su obra maestra en el fraude fue *Los discípulos de Emaús*, una supuesta pintura de Vermeer que presentó a críticos y museos en 1937. La obra fue recibida con entusiasmo y considerada un descubrimiento monumental en la historia del arte holandés. Expertos aclamaron la pieza y el Museo Boymans de Róterdam la adquirió por una suma exorbitante. Van Meegeren, viendo el éxito de su estafa, continuó produciendo más falsificaciones de Vermeer y de otros maestros, vendiéndolas a coleccionistas e instituciones sin que nadie sospechara.

El punto culminante de su engaño llegó durante la Segunda Guerra Mundial. En 1943, Hermann Göring, uno de los líderes del régimen nazi y un obsesionado coleccionista de arte, adquirió una de sus falsificaciones creyendo que era un Vermeer auténtico. La pintura, *El Cristo y la adúltera*, pasó a formar parte de la colección privada de Göring, quien la consideró una de sus posesiones más valiosas.

El destino de Van Meegeren dio un giro inesperado tras el final de la guerra. Cuando los Aliados recuperaron obras saqueadas por los nazis, la pintura atribuida a Vermeer apareció en la colección de Göring. El gobierno holandés inició una investigación y, al rastrear su origen, arrestaron a Van Meegeren bajo la acusación de colaboración con el enemigo, un delito que en los Países Bajos podía costarle la pena de muerte. Para salvar su vida, Van Meegeren hizo algo impensado: confesó que la pintura no era un Vermeer genuino, sino una falsificación suya. Al principio, nadie le creyó. ¿Cómo podía haber engañado a los mejores expertos del mundo y a los nazis? Para demostrarlo, pidió materiales y, ante la mirada de las autoridades y peritos de arte, pintó una nueva falsificación en su celda con la misma técnica. La verdad salió a la luz: no era un traidor, sino un genio del engaño.

En 1947, fue juzgado y condenado, pero solo a un año de prisión por fraude, ya que en lugar de ser un colaboracionista, había estafado a uno de los jerarcas nazis más poderosos. Sin embargo, no llegó a cumplir su condena. Murió en 1947 de un ataque al corazón, poco después de que se revelara públicamente su historia. En un acto de ironía suprema, sus falsificaciones, que una vez fueron consideradas obras maestras de Vermeer, hoy son piezas de museo por derecho propio, exhibidas como testimonio de la mayor estafa artística del siglo XX. "Si logré engañar a los expertos, entonces el error no fue mío, sino de ellos", declaró en su juicio, dejando claro que, para él, la falsificación había sido su obra maestra.

EL MANUSCRITO VOYNICH: ¿UN LIBRO PERDIDO O UNA ESTAFA MAESTRA?

Entre los misterios más enigmáticos de la historia, pocos han generado tantas teorías y especulaciones como el manuscrito Voynich, un libro escrito en un idioma indescifrable y acompañado de ilustraciones de plantas inexistentes, diagramas astronómicos y figuras extrañas. Desde su descubrimiento en el siglo XX, ha desconcertado a lingüistas, criptógrafos, historiadores y científicos, sin que nadie haya podido descifrar su contenido ni determinar con certeza su origen.

El manuscrito lleva el nombre de Wilfrid Voynich, un comerciante de libros antiguos que lo adquirió en 1912 en un colegio jesuita en Italia. Según los documentos que lo acompañaban, el manuscrito habría pertenecido en el siglo XVII al emperador Rodolfo II de Habsburgo, quien lo compró por una suma exorbitante creyendo que era una obra del célebre alquimista inglés

Roger Bacon. También se menciona que pasó por las manos del astrónomo jesuita Athanasius Kircher, conocido por su interés en lenguas antiguas y criptografía. Sin embargo, no hay pruebas definitivas de su origen antes del siglo XX.

El manuscrito, que consta de 240 páginas, está escrito en un idioma o código completamente desconocido, con un sistema de escritura que no se parece a ningún otro en la historia humana. Acompañando el texto, hay dibujos de plantas que no existen en la naturaleza, diagramas astronómicos, símbolos zodiacales y representaciones de mujeres desnudas en lo que parecen ser baños rituales o procesos alquímicos. A lo largo del siglo XX, algunos de los mejores criptógrafos del mundo, incluidos expertos que trabajaron en el descifrado de códigos nazis en la Segunda Guerra Mundial, intentaron traducir el manuscrito sin éxito. Incluso la NSA (Agencia de Seguridad Nacional de EE.UU.) lo ha analizado sin poder descifrarlo. La complejidad del texto sugiere que sigue una estructura lingüística real, pero sin una referencia clara, lo que ha llevado a muchos a creer que podría ser una falsificación muy elaborada.

Entre las teorías sobre su origen, algunas sostienen que podría tratarse de un tratado de medicina medieval, escrito en un código secreto para evitar la censura o proteger conocimientos esotéricos de la Inquisición. Otros creen que es un documento alquímico, lleno de símbolos ocultos solo comprensibles para iniciados. También ha habido teorías más extremas que sugieren que podría ser un mensaje extraterrestre o una obra de un genio desconocido con un lenguaje inventado. En cambio, una de las hipótesis más plausibles es que el manuscrito no significa nada en absoluto y que podría ser una estafa creada en la Edad Media o el Renacimiento para engañar a coleccionistas adinerados. En esa época, los libros raros y los textos alquímicos tenían un alto valor, y vender un supuesto "manuscrito oculto" podía generar grandes sumas de dinero. La idea de que el manuscrito Voynich sea una falsificación ha sido apoyada por algunos estudios recientes, que sugieren que el texto fue generado de manera aleatoria para simular un lenguaje real. En 2011, un análisis de radiocarbono de la Universidad de Arizona determinó que el pergamino del manuscrito fue fabricado entre 1404 y 1438, lo que lo sitúa en plena Europa medieval. Sin embargo, esto solo confirma la antigüedad del material, no del contenido, ya que un falsificador de la época pudo haber usado pergamino antiguo para darle autenticidad.

"El manuscrito Voynich es una obra maestra del misterio", dijo el historiador Nicholas Gibbs. "Si es un fraude, es uno de los mejores de la historia". Hoy en día, el manuscrito se encuentra en la Biblioteca Beinecke de Libros Raros y Manuscritos de la Universidad de Yale, donde sigue siendo objeto de estudio y especulación. A pesar de los avances en inteligencia artificial y análisis de patrones lingüísticos, su contenido continúa sin descifrarse, lo que lo convierte en uno de los grandes enigmas sin resolver de la historia.

LOS DIARIOS FALSOS DE HITLER: UN FRAUDE QUE ENGAÑÓ A HISTORIADORES

Pocos casos han sido tan vergonzosos y espectaculares como el de los diarios falsos de Adolf Hitler, un fraude que en 1983 logró engañar a historiadores, periodistas y a uno de los medios más prestigiosos de Alemania. Lo que se presentó como un hallazgo histórico sin precedentes terminó convirtiéndose en uno de los fraudes más humillantes de la prensa moderna, demostrando cómo la ambición y la credulidad pueden llevar incluso a los expertos a caer en una trampa monumental.

La estafa comenzó con Konrad Kujau, un falsificador alemán de origen humilde que desde los años 70 se dedicaba a la falsificación de documentos nazis y objetos de colección de la Segunda Guerra Mundial. Kujau tenía un talento especial para imitar la caligrafía de Hitler y había logrado vender varias cartas y manuscritos falsos a coleccionistas incautos. Sin embargo, en 1981, tuvo una idea aún más ambiciosa: fabricar supuestos diarios personales de Adolf Hitler, escritos por el propio Führer entre 1933 y 1945. El plan era arriesgado, pero Kujau confiaba en la fascinación que todavía existía en Alemania por el nazismo y en la falta de documentación personal de Hitler. Para dar credibilidad a su timo, usó cuadernos antiguos, tinta de época y papel envejecido artificialmente. Luego, creó una narrativa detallada basada sobre acontecimientos históricos, llenando los diarios con reflexiones, notas personales y referencias a figuras clave del Tercer Reich.

El engaño comenzó a tomar forma cuando un periodista alemán, Gerd Heidemann, quien trabajaba para la prestigiosa revista *Stern*, escuchó rumores sobre la existencia de los diarios. Heidemann, obsesionado con la historia nazi y convencido de que estaba ante el descubrimiento del siglo, entró en contacto con Kujau, quien le vendió el relato de que los diarios habían sido rescatados de un avión alemán que se había estrellado en 1945 en Alemania Oriental.

A pesar de lo absurda que sonaba, Stern no solo creyó en la autenticidad de los diarios, sino que pagó más de 9 millones de marcos alemanes (unos 5 millones de dólares de la época) para asegurarse los derechos exclusivos de publicación. El escándalo estalló cuando la revista anunció en abril de 1983 que poseía los diarios personales de Hitler, un hallazgo que cambiaría la historiografía sobre el nazismo. La noticia fue recogida por medios de todo el mundo, y revistas como *Time* y *The Sunday Times* firmaron acuerdos para publicarlos en exclusiva. Pero, la euforia no duró mucho. Cuando los historiadores y expertos en la Segunda Guerra Mundial comenzaron a analizar los documentos, aparecieron inconsistencias evidentes. Las referencias a eventos históricos eran imprecisas, el lenguaje no coincidía con el de Hitler, y lo más ridículo: algunos cuadernos contenían errores ortográficos y frases que no tenían sentido en alemán.

La confirmación final del fraude llegó cuando los análisis forenses revelaron que la tinta y el papel eran posteriores a 1945, lo que demostraba que los diarios eran falsificaciones modernas. Kujau fue arrestado y confesó su crimen sin mostrar remordimiento, asegurando que nunca imaginó que su engaño llegaría tan lejos. Gerd Heidemann, el periodista que facilitó la compra de los diarios, también fue condenado, acusado de haber inflado los precios para quedarse con parte del dinero. Ambos fueron sentenciados a varios años de prisión, y *Stern* sufrió un golpe devastador a su credibilidad.

El caso de los diarios falsos de Hitler se convirtió en una de las mayores humillaciones de la historia del periodismo, demostrando que, incluso en el mundo académico y mediático, la emoción de un descubrimiento puede nublar la razón. "Queríamos creer tanto que olvidamos verificar", reconoció años después uno de los editores de *Stern*.

MARK HOFMANN: EL FALSIFICADOR DE DOCUMENTOS MORMONES

Entre los grandes falsificadores de la historia, pocos lograron engañar a historiadores, religiosos y coleccionistas como Mark Hofmann, un maestro del engaño cuya ambición lo llevó a fabricar documentos históricos con tal precisión que incluso los expertos más prestigiosos los consideraron auténticos. Sin embargo, su historia no terminó como la de otros falsificadores que solo buscaban fama o dinero. Cuando sus mentiras comenzaron a derrumbarse, Hofmann recurrió al asesinato para encubrir su fraude, convirtiéndose en uno de los impostores más peligrosos de la historia.

Hofmann nació en 1954 en Utah, en el seno de una familia mormona. Desde joven mostró una gran habilidad para la caligrafía y una fascinación por los libros raros y documentos históricos. Con el tiempo, se convirtió en un falsificador experto, capaz de replicar textos antiguos con un nivel de detalle asombroso. Su especialidad era la historia de la Iglesia de Jesucristo de los Santos de los Últimos Días, comúnmente conocida como la Iglesia Mormona. A principios de la década de 1980, Hofmann comenzó a fabricar documentos que supuestamente revelaban aspectos ocultos o controvertidos de los orígenes del mormonismo. Uno de sus fraudes más famosos fue la llamada "Carta de la Salamandra", un documento que, de ser auténtico, cambiaría por completo la narrativa de la fundación de la Iglesia Mormona.

Según la tradición oficial, Joseph Smith, iniciador del mormonismo, recibió la visita de un ángel llamado Moroni, quien le reveló las planchas de oro con las que escribiría el *Libro de Mormón*. Sin embargo, en la "Carta de la Salamandra", atribuida a un amigo de Smith, se afirmaba que en lugar de un ángel, Smith tuvo contacto con un espíritu en forma de salamandra blanca, lo que vinculaba el origen del mormonismo con la magia popular y la alquimia en lugar del cristianismo tradicional.

El impacto de la carta fue inmediato. Historiadores y líderes de la Iglesia Mormona se vieron obligados a reconsiderar su historia fundacional, y algunos eruditos mormones llegaron a admitir que el documento podría ser auténtico. Hofmann vendió la carta a la Iglesia y a coleccionistas privados por sumas enormes, mientras continuaba fabricando otros documentos "históricos".

Pero su ambición lo llevó demasiado lejos. No se conformó con falsificar documentos mormones, sino que también comenzó a crear textos supuestamente escritos por figuras históricas estadounidenses, como George Washington, Abraham Lincoln y Mark Twain. Durante años, engañó a coleccionistas, universidades y bibliotecas, amasando una gran fortuna y ganándose reputación como uno de los mayores descubridores de documentos históricos. Sin embargo, en 1985, su esquema comenzó a colapsar. Varios expertos comenzaron a cuestionar la autenticidad de sus piezas, y algunos compradores exigieron pruebas más rigurosas. Ante la posibilidad de ser descubierto, Hofmann recurrió a una medida extrema: colocar bombas para eliminar a sus posibles delatores.

El 15 de octubre de 1985, dos personas relacionadas con la compra y autenticación de documentos murieron por explosivos ocultos en paquetes. Una de las víctimas fue Steven Christensen, un coleccionista que había comenzado a sospechar del fraude. Al día siguiente, Hofmann se hirió a sí mismo accidentalmente con una tercera bomba que estaba preparando, lo que llevó a la policía a su arresto. Tras su captura, las investigaciones confirmaron que todos sus documentos eran falsificaciones. En 1987, Hofmann se declaró culpable de asesinato y fraude, evitando la pena de muerte a cambio de cadena perpetua.

"La falsificación de documentos históricos es una estafa, pero la de Hofmann fue más que eso: fue una manipulación de la historia con consecuencias fatales", escribió un investigador del caso. Su historia demuestra que, incluso en el mundo de la erudición y la historia, el deseo de encontrar "descubrimientos extraordinarios" puede cegar incluso a los más expertos.

PARTE IV: AVENTUREROS Y EXPLORADORES HISTÓRICOS

Capítulo 9: Aventureros que desafiaron al mundo

Marco Polo: El mercader que descubrió el Lejano Oriente

Pocos nombres en la historia evocan el espíritu de la aventura como el de Marco Polo, el mercader veneciano que, en el siglo XIII, viajó hasta el corazón de Asia y dejó un relato que transformó la visión del mundo en Europa. Su nombre se ha convertido en sinónimo de exploración, pero su historia sigue envuelta en debates: ¿fue realmente un testigo ocular del esplendor del Imperio Mongol o un narrador que exageró sus hazañas?

Marco Polo nació en 1254 en Venecia, una de las repúblicas comerciales más poderosas de la época. Su familia era de comerciantes prósperos, y su padre, Niccolò Polo, junto con su tío Maffeo, habían viajado años antes a Constantinopla y, más tarde, al Imperio Mongol. En ese tiempo, Kublai Kan, el nieto de Gengis Kan, gobernaba un vasto imperio que abarcaba desde el norte de China hasta Europa Oriental, y los Polo se convirtieron en algunos de los pocos europeos en establecer contacto con su corte.

Cuando Marco tenía 17 años, su padre y su tío decidieron regresar a Mongolia, esta vez llevándolo con ellos. En 1271, partieron en un viaje que duraría más de 20 años. Atravesaron el Medio Oriente, Persia y Asia Central, enfrentándose a desiertos, montañas y climas extremos. Finalmente, llegaron a Xanadú, la legendaria ciudad de verano de Kublai Kan, donde Marco Polo fue presentado ante el gran emperador. Según sus propias memorias, Marco Polo se convirtió en un hombre de confianza de Kublai Kan, quien lo envió en misiones diplomáticas por todo su imperio. Se dice que recorrió regiones como China, Birmania, India y Tíbet, explorando una tierra completamente desconocida para los europeos de su época. Describió maravillas que parecían sacadas de un cuento de hadas: ciudades inmensas, palacios cubiertos de oro, una sociedad avanzada con carreteras, papel moneda y un sistema de correos que dejaba en ridículo a Europa.

En 1295, tras más de dos décadas en Asia, los Polo regresaron a Venecia, cargados de riquezas y nuevos conocimientos. Sin embargo, Marco no fue recibido como un héroe, sino con incredulidad. Poco después, estalló la guerra entre Venecia y Génova, y Marco fue capturado y encarcelado. Así que en prisión dictó su famoso libro, *Il Milione*, también conocido como *Los viajes de Marco Polo*.

El libro causó sensación en Europa y se convirtió en uno de los primeros *bestsellers* de la historia, pero también generó dudas. Describía un mundo desconocido con tal nivel de detalle que muchos lo consideraron una invención fantástica o una exageración de un escritor muy imaginativo. No ayudó el hecho de que nunca mencionara ciertos aspectos fundamentales de la cultura china, como la Gran Muralla o la costumbre de comer con palillos. Algunos historiadores han sugerido que tal vez no llegó tan lejos como afirmó, sino que recopiló relatos de otros viajeros y los presentó como propios.

"Marco Polo no descubrió el mundo, lo reinventó para los europeos", escribió un historiador moderno. Y, en cierto sentido, eso es exactamente lo que hizo. Su relato inspiró a generaciones de exploradores, incluyendo a Cristóbal Colón, quien llevó consigo un ejemplar de *Los viajes de Marco Polo* en su travesía hacia América. Marco Polo murió en 1324, afirmando hasta el final que todo lo que había contado era cierto. Cuando le pidieron en su lecho de muerte que confesara si había exagerado, respondió con su famosa frase: "No he contado ni la mitad de lo que vi".

La primera circunnavegación del planeta fue una de las mayores gestas de la exploración humana, una hazaña que cambió para siempre la comprensión del mundo y que consolidó el dominio marítimo de España en el siglo XVI. Sin embargo, la historia de esta epopeya está marcada por conflictos, traiciones y un cambio inesperado de protagonismo: lo que comenzó como la expedición de Fernando de Magallanes terminó con Juan Sebastián Elcano reclamando la gloria de completar el primer viaje alrededor del globo.

En 1519, el rey Carlos I de España respaldó la ambiciosa propuesta de Magallanes: encontrar una nueva ruta hacia las islas de las Especias (las Molucas) navegando hacia el oeste, evitando así los territorios controlados por Portugal. Magallanes, un navegante portugués al servicio de la corona española, convenció al monarca de que podía encontrar un paso por el sur del continente americano que permitiera llegar a Asia sin depender de la ruta africana dominada por los portugueses. Y con una flota de cinco naves y más de 250 hombres, la expedición partió de Sanlúcar de Barrameda el 20 de septiembre de 1519. Desde el principio, la travesía estuvo plagada de desafíos. En América del Sur, los marineros sufrieron motines, enfermedades y escasez de provisiones. Magallanes, con mano de hierro, sofocó una rebelión en la actual Argentina, ejecutando a los cabecillas y reafirmando su control. Tras meses de exploración, en 1520, descubrieron el estrecho que hoy lleva su nombre, el Estrecho de Magallanes, permitiendo el acceso al desconocido Océano Pacífico.

La expedición continuó hacia el oeste, enfrentándose a una de las pruebas más duras de la historia naval: tres meses sin ver tierra, con marineros muriendo de escorbuto y hambre, comiendo cuero y ratas para sobrevivir. Cuando finalmente alcanzaron las islas Filipinas en 1521, creyeron haber llegado a las Molucas, pero aún quedaba un largo camino por recorrer. El destino de Magallanes se selló en la isla de Mactán, donde se involucró en un conflicto local. En un error fatal, subestimó a los guerreros del cacique Lapu-Lapu y, tras un enfrentamiento desigual, murió en combate el 27 de abril de 1521. Con su líder muerto y la expedición diezmada, los sobrevivientes eligieron un nuevo comandante, pero los problemas continuaron: traiciones, emboscadas y escasez de barcos redujeron aún más la tripulación.

Fue entonces cuando emergió la figura de Juan Sebastián Elcano, un marino vasco que, a diferencia de Magallanes, no tenía sangre noble ni había sido el iniciador de la empresa. Sin embargo, su experiencia y liderazgo fueron clave en la supervivencia de la expedición. En 1522, tras completar el comercio de especias en las Molucas, tomó el mando de la Victoria, la única nave que quedaba operativa, y decidió en lugar de regresar por el mismo camino seguir navegando hacia el oeste, a través del océano Índico, para evitar los territorios portugueses.

El viaje de regreso fue un calvario. Con apenas 18 hombres de los más de 250 que habían partido, la Victoria llegó a Sanlúcar de Barrameda el 6 de septiembre de 1522, completando la primera vuelta al mundo. Elcano, al regresar, fue recibido como un héroe por Carlos I, quien le otorgó un escudo con el lema "Primus Circumdedisti Me" ("Fuiste el primero en rodearme", en referencia al mundo). Sin embargo, la gloria de la expedición quedó dividida entre dos nombres: Magallanes, el visionario que inició la empresa, y Elcano, el marino que la completó. La primera circunnavegación de la Tierra confirmó no solo la vastedad de los océanos, sino la interconexión de los continentes y la realidad de un mundo que, a partir de entonces, nunca volvería a ser el mismo.

Si hay una historia de supervivencia y resistencia humana que desafía los límites de lo posible, es la de Ernest Shackleton y su fallida pero legendaria expedición a la Antártida. En 1914, cuando los polos aún eran territorios prácticamente desconocidos, Shackleton lideró un equipo de exploradores en un intento de cruzar la Antártida a pie, una empresa que nadie había logrado antes. Lo que siguió no fue el éxito de la misión, sino una de las mayores epopeyas de supervivencia de la historia, en la que el liderazgo, la determinación y la voluntad de vivir convirtieron un desastre en un triunfo del espíritu humano.

Nacido en 1874 en Irlanda, Shackleton creció con una fascinación por la exploración y el mar. Se unió a la marina mercante británica y pronto demostró ser un líder nato, con un carisma y una resistencia que lo diferenciaban de sus contemporáneos. Su primera incursión en la Antártida fue en 1901, como parte de la expedición del explorador Robert Falcon Scott, con quien tuvo una relación de rivalidad. Aunque Shackleton sufrió graves problemas de salud durante la misión, la experiencia lo marcó y lo impulsó a organizar sus propios viajes.

En 1907, lideró la Expedición Nimrod, en la que logró acercarse a solo 180 kilómetros del Polo Sur, un récord para la época. Sin embargo, fue el noruego Roald Amundsen quien, en 1911, consiguió alcanzar por primera vez el Polo Sur, dejando a Shackleton sin la gloria que tanto deseaba. Consciente de que la conquista del Polo ya no era un objetivo posible, ideó un desafío aún mayor: cruzar el continente antártico de costa a costa, una travesía de casi 3.000 kilómetros a través del territorio más hostil del planeta.

Con ese propósito, en 1914, partió en su barco, el Endurance, acompañado de 27 hombres y pertrechos para la travesía. Su plan era desembarcar en el mar de Weddell, cruzar la Antártida con trineos y perros, y llegar al mar de Ross, donde otro equipo los esperaría para recogerlos. Sin embargo, el destino tenía otros planes. Apenas seis semanas después de llegar a la Antártida, el Endurance quedó atrapado en el hielo. La tripulación intentó liberar la embarcación, pero las temperaturas extremas la inmovilizaron, convirtiéndola en una prisión flotante. Durante nueve meses, los hombres vivieron sobre el hielo, soportando temperaturas de -40°C, vientos huracanados y la incertidumbre de no saber si alguna vez volverían a casa.

En octubre de 1915, el hielo comenzó a ejercer una presión insoportable sobre el casco del Endurance, hasta que el 21 de noviembre el barco se hundió, dejándolos abandonados en medio de la nada, sin contacto con el mundo y con escasas provisiones. Shackleton, en lugar de rendirse, tomó el mando con firmeza: su única misión ahora era salvar la vida a cada uno de sus hombres. Tras meses de sobrevivir en el hielo, en abril de 1916, Shackleton tomó una decisión desesperada: lanzarse al mar en botes salvavidas en busca de tierra firme. Tras cinco días de navegación infernal por aguas gélidas, llegaron a la isla Elefante, un territorio rocoso y desolado donde al menos tenían suelo firme bajo los pies. Pero la isla estaba demasiado lejos de cualquier ruta de navegación, y el rescate era imposible si no pedían ayuda.

Fue entonces cuando Shackleton y cinco de sus hombres emprendieron una travesía épica: navegar 1.300 kilómetros en mar abierto en un bote diminuto, el James Caird, hasta llegar a Georgia del Sur, donde había una estación ballenera. Durante 16 días, soportaron tormentas, temperaturas bajo cero y olas gigantescas, hasta que finalmente arribaron a la isla. Sin embargo, aún faltaba el último desafío: cruzar la isla a pie, atravesando montañas y glaciares en una caminata de 36 horas sin descanso hasta llegar a la estación ballenera de Stromness. Los balleneros quedaron atónitos al verlos. "Hemos perdido el Endurance", dijo Shackleton, "pero traemos de vuelta a los hombres". De inmediato, organizó un rescate para los que quedaron en la isla Elefante. El 30 de agosto de 1916, Shackleton finalmente regresó con un barco para salvar a sus hombres. Contra todo pronóstico, no perdió ni una sola vida en la expedición.

A pesar de la hazaña, Shackleton nunca recibió la gloria que esperaba. En 1921, intentó otra incursión a la Antártida, pero murió de un ataque al corazón en Georgia del Sur, la misma isla que había alcanzado en su legendaria travesía. Hoy, la travesía del Endurance sigue siendo un referente de superación y trabajo en equipo, y el legado de Ernest Shackleton perdura en el mundo de la exploración, el liderazgo y la gestión de crisis. Su frase más recordada lo resume todo: "La dificultad es solo una excusa que la historia nunca acepta".

Lawrence de Arabia: Entre la aventura y el espionaje

Si hay un personaje que encarna la combinación de explorador, aventurero, soldado y espía, ese es Thomas Edward Lawrence, más conocido como Lawrence de Arabia. Su vida, envuelta en mitos y leyendas, fue una mezcla de audacia, diplomacia y estrategia militar. Pasó de ser un arqueólogo apasionado por el Medio Oriente a convertirse en el líder británico de la Revolución Árabe contra el Imperio Otomano durante la Primera Guerra Mundial. Su historia, inmortalizada en libros y en el cine, lo convirtió en un ícono de la geopolítica y la aventura, pero también en un hombre atrapado entre la realidad y la imagen que el mundo construyó sobre él.

Lawrence nació en 1888 en Gales y desde joven mostró un gran interés por la historia, la arqueología y la cultura árabe. Estudió en la Universidad de Oxford, donde se especializó en arquitectura medieval y emprendió sus primeros viajes a Oriente Próximo. Durante sus expediciones en Siria y Mesopotamia, aprendió árabe y se sumergió en la cultura local, estableciendo contactos que más tarde serían cruciales para su papel en la Primera Guerra Mundial.

Cuando estalló la guerra en 1914, el Imperio Otomano se alió con Alemania y Austria-Hungría contra Gran Bretaña y Francia. En ese contexto, los británicos vieron una oportunidad en las tribus árabes, que llevaban años resistiendo el dominio otomano. Lawrence, con su conocimiento del mundo islámico, fue reclutado por la Inteligencia Militar Británica y enviado a la península arábiga para evaluar la posibilidad de una rebelión contra los otomanos. Fue así como en 1916 entró en contacto con el Príncipe Faisal, uno de los líderes de la Revuelta Árabe. Convencido de que la única manera de derrotar a los otomanos era mediante tácticas de guerra de guerrillas, Lawrence se convirtió en el asesor y estratega de las tropas árabes. Junto con las tribus beduinas, atacó bases otomanas, dinamitó ferrocarriles y organizó emboscadas en el desierto, utilizando el conocimiento del terreno para compensar la inferioridad numérica y de armamento.

Uno de sus mayores logros fue la toma de Áqaba en 1917, un puerto estratégico en el Mar Rojo. En lugar de atacar por mar, como esperaban los otomanos, Lawrence y sus aliados árabes realizaron una travesía de más de 600 kilómetros por el desierto, sorprendiendo al enemigo desde tierra y logrando una victoria crucial para los británicos. Este golpe fortaleció la revuelta y consolidó a Lawrence como una figura clave en la guerra. Sin embargo, la imagen heroica de Lawrence de Arabia no estuvo exenta de controversia. A pesar de su cercanía con los líderes árabes, sabía que los británicos no cumplirían sus promesas de independencia para la región. En secreto, mientras apoyaban la revuelta, Gran Bretaña y Francia ya habían acordado dividirse el Medio Oriente en el Acuerdo Sykes-Picot de 1916, traicionando las aspiraciones árabes.

Lawrence intentó advertir a Faisal sobre la situación, pero al final, tras la victoria aliada en 1918 y la caída del Imperio Otomano, las tierras árabes quedaron bajo dominio europeo. Desilusionado y sintiéndose traidor a la causa que había apoyado, Lawrence rechazó honores y cargos políticos, y se retiró de la vida pública. Pasó sus últimos años intentando escapar de su fama. Cambió de identidad varias veces, ingresó en la Real Fuerza Aérea británica bajo nombres falsos y llevó una vida de reclusión. Murió en 1935, a los 46 años, en un accidente de motocicleta que muchos han considerado sospechoso, alimentando teorías sobre un posible asesinato encubierto.

Su historia fue inmortalizada en la célebre película *Lawrence de Arabia* (1962), que consolidó su imagen como un aventurero romántico y guerrero solitario. Sin embargo, la realidad de su épica existencia fue mucho más compleja: un hombre atrapado entre dos mundos, admirado por los árabes pero usado por los británicos, un héroe que luchó por una causa en la que creía, pero que terminó viendo su sueño de una Arabia libre convertirse en un espejismo político. "Los árabes confiaron en mí, y yo los traicioné", escribió en su autobiografía *Los siete pilares de la sabiduría*. Con esa frase, Lawrence resumió la paradoja de su vida: una hazaña épica que cambió el curso de la historia, pero que terminó en desencanto y aislamiento.

Capítulo 10: Cazatesoros, exploradores y buscadores de fortuna

HEINRICH SCHLIEMANN: EL HOMBRE QUE ENCONTRÓ TROYA

Pocos exploradores han desafiado tanto a la arqueología académica como Heinrich Schliemann, el comerciante convertido en aventurero que, contra todas las opiniones de su tiempo, decidió demostrar que la legendaria ciudad de Troya, descrita en la *Ilíada* de Homero, no era solo un mito literario, sino una urbe real enterrada bajo siglos de historia. Su descubrimiento revolucionó la arqueología y lo convirtió en una figura legendaria, aunque su obsesión y sus métodos poco ortodoxos también lo hicieron objeto de controversia.

Schliemann nació en 1822 en Alemania, en una familia humilde. Desde pequeño, quedó fascinado por los relatos de Homero y soñaba con encontrar la mítica Troya. Sin embargo, su destino parecía estar lejos de la arqueología: trabajó como comerciante y empresario, hizo fortuna en el comercio internacional y aprendió múltiples idiomas. No fue hasta los 40 años que decidió abandonar su carrera y dedicarse por completo a la búsqueda de Troya, convencido de que los poemas épicos griegos eran más que simples relatos mitológicos. En una época en la que la arqueología aún no era una disciplina científica formal, la idea de que Troya realmente existiera era considerada absurda por la mayoría de los académicos. Sin embargo, Schliemann estaba convencido de que Homero había dejado pistas reales en sus textos. Basándose sobre las descripciones geográficas de la

Ilíada, comenzó a excavar en Hisarlik, una colina en la actual Turquía, que, según su intuición, debía ser el emplazamiento de la antigua Troya.

En 1871, tras dos años de excavaciones, hizo un hallazgo impresionante: una serie de murallas, edificios en ruinas y una enorme cantidad de objetos de oro, que él mismo llamó el "Tesoro de Príamo", en honor al legendario rey de Troya. En su emoción, Schliemann aseguró haber encontrado el mismísimo escenario de la Guerra de Troya descrita por Homero. Incluso afirmó que su esposa, Sophia Schliemann, posó con las joyas de Helena de Troya, aunque más tarde se supo que había exagerado la historia.

Pero su éxito tuvo un costo: en su afán por encontrar Troya, Schliemann utilizó métodos que, lejos de preservar la historia, arrasaron capas de civilización. Excavó de forma agresiva, sin un sistema arqueológico adecuado, y sin darse cuenta destruyó restos de ciudades más recientes que podrían haber aportado información valiosa sobre la evolución del sitio. A pesar de las críticas, Schliemann no se detuvo ahí. Siguiendo la historia de Homero, se dirigió a Grecia en busca de Micenas, el reino del legendario Agamenón. En 1876, en otra de sus grandes hazañas arqueológicas, descubrió las tumbas reales de Micenas, donde halló máscaras de oro y objetos funerarios que databan del segundo milenio a.C. Entre estos descubrimientos estaba la famosa "Máscara de Agamenón", aunque más tarde los estudios demostraron que el objeto pertenecía a una época anterior a la que supuestamente vivió el rey micénico.

Schliemann murió en 1890, sin haber terminado su trabajo en Troya, pero su legado perduró. Aunque sus excavaciones destruyeron evidencias arqueológicas valiosas y muchas de sus conclusiones fueron exageradas, logró lo impensable: demostrar que Troya realmente existió y que los relatos de Homero estaban basados sobre hechos históricos. Schliemann no solo encontró Troya, sino que cambió para siempre la manera en que entendemos la historia y los mitos antiguos. Su biografía es un recordatorio de que a veces, las leyendas tienen más verdad de lo que creemos, y que la pasión por descubrir puede llevarnos a encontrar lo imposible, aunque a un alto precio.

PERCY FAWCETT: EL EXPLORADOR QUE DESAPARECIÓ EN LA SELVA AMAZÓNICA

Entre los grandes exploradores del siglo XX, pocos han despertado tanta fascinación y misterio como Percy Fawcett, el arqueólogo británico que dedicó su vida a la búsqueda de una ciudad perdida en la selva amazónica y que, en 1925, desapareció sin dejar rastro. Su historia es una mezcla de aventura, obsesión y tragedia, y su desaparición ha dado lugar a innumerables teorías, desde la posibilidad de que fuera asesinado por tribus indígenas hasta la idea de que pudo haber encontrado la legendaria "Ciudad Z" y decidido quedarse allí para siempre.

Fawcett nació en 1867 en Inglaterra, en una familia de tradición militar y científica. Desde joven, mostró una gran pasión por la geografía y la exploración. Sirvió en el ejército británico y, posteriormente, se convirtió en cartógrafo y topógrafo, lo que lo llevó a recorrer regiones inexploradas de América del Sur a principios del siglo XX. En 1906, Fawcett fue enviado a Sudamérica por la Royal Geographical Society para mapear las fronteras entre Brasil y Bolivia. Durante sus viajes, adquirió un profundo respeto por las culturas indígenas y se obsesionó con la idea de que existía una antigua civilización perdida en la Amazonía, una ciudad tan avanzada como las de los incas o los mayas. Esta idea contradecía la visión predominante de la época, que consideraba que la selva solo albergaba tribus nómadas sin desarrollo urbano.

A lo largo de los años, Fawcett recopiló informes de leyendas indígenas, ruinas misteriosas y extraños petroglifos que parecían indicar la existencia de una civilización olvidada. En 1920, publicó sus teorías sobre la "Ciudad Z", una metrópolis oculta en lo profundo de la selva, rica en oro y reliquias ancestrales. Su convicción atrajo la atención de la prensa y del público, y en 1925, con financiamiento de periódicos británicos y estadounidenses, emprendió su última expedición. Fawcett viajó acompañado por su hijo Jack Fawcett y un amigo de la familia, Raleigh Rimmell. Partieron con un equipo mínimo, sin armas pesadas, confiando en que serían bien recibidos por las tribus locales. El 29 de mayo de 1925, enviaron su último mensaje desde un campamento cerca del río Xingu, en el actual Brasil: "Seguimos adelante. No se alarmen si no volvemos".

Su desaparición dio lugar a innumerables hipótesis. Algunas versiones sugieren que fueron asesinados por tribus hostiles, mientras que otras indican que murieron de enfermedades, hambre o ataques de animales salvajes. También surgieron teorías más fantásticas, incluyendo la posibilidad de que encontraron la Ciudad Z y decidieron quedarse allí, o incluso que fueron absorbidos por una comunidad secreta en la selva. A lo largo del siglo XX, más de 100 expediciones han intentado encontrar rastros de Fawcett, pero ninguna de ellas ha tenido éxito. Incluso otros exploradores también desaparecieron en la búsqueda, lo que solo aumentó el misticismo en torno a su historia. En 1951, una tribu amazónica entregó supuestos huesos de Fawcett a las autoridades, pero los análisis no fueron concluyentes. En las últimas décadas, se han descubierto restos de antiguas ciudades y redes urbanas en la Amazonía, como las estructuras de Kuhikugu y el territorio de los Xingu, que muestran que sí existieron civilizaciones avanzadas en la región antes de la llegada de los europeos. "Fawcett estaba buscando algo real, pero tal vez lo que encontró fue su propia leyenda", escribió un historiador sobre su caso. Su gesta fue inmortalizada en libros y películas, y su legado sigue vivo en cada expedición que intenta resolver el misterio de la Ciudad Z. Percy Fawcett no solo fue un explorador, sino un hombre cuya desaparición lo convirtió en parte de la misma mitología que él tanto perseguía.

ROBERT FALCON SCOTT: LA TRÁGICA CARRERA POR EL POLO SUR

La exploración de los polos fue una de las últimas grandes hazañas de la humanidad, un desafío extremo donde la valentía y la resistencia física se ponían a prueba en las condiciones más hostiles del planeta. Entre los exploradores que se aventuraron en esta misión, Robert Falcon Scott se convirtió en un símbolo de heroísmo trágico. Su intento por ser el primer hombre en alcanzar el Polo Sur terminó en una de las expediciones más épicas de la historia, una carrera contra el tiempo que no solo perdió, sino que le costó la vida a él y a su equipo.

Scott nació en 1868 en el Reino Unido y, desde joven, destacó en la Marina Real Británica. Su nombre comenzó a resonar en el mundo de la exploración cuando, en 1901, lideró su primera expedición a la Antártida a bordo del Discovery. Aunque no logró llegar al Polo Sur, la misión aportó valiosos conocimientos sobre el continente helado y consolidó su reputación como explorador. En cambio, su mayor desafío llegó una década después. En 1910, Scott organizó la Expedición Terra Nova, cuyo objetivo era claro: llegar al Polo Sur antes que nadie y reclamar la gesta para el Imperio Británico. Lo que Scott no sabía era que su mayor competidor, el explorador noruego Roald Amundsen, había cambiado secretamente su plan original de explorar el Ártico y, sin previo aviso, también estaba en camino hacia el Polo Sur.

La carrera había comenzado. Mientras Amundsen y su equipo utilizaban perros de trineo y esquís, Scott insistió en una estrategia más tradicional, confiando en caballos siberianos y hombres tirando de los trineos. Su método resultó ser un error fatal: los caballos no resistieron las temperaturas extremas y los hombres sufrieron un esfuerzo descomunal en la travesía. El 17 de enero de 1912, tras meses de penurias, Scott y su equipo finalmente alcanzaron el Polo Sur... solo para encontrar una bandera noruega ondeando en la nieve. Amundsen había llegado 34 días antes, asegurando la victoria para Noruega y dejando a Scott con la amarga certeza de que su misión había fracasado.

Desmoralizados y agotados, Scott y sus hombres emprendieron el regreso a su campamento base, un viaje de casi 1.300 kilómetros a través de una de las regiones más inhóspitas del mundo. A medida que avanzaban, el frío extremo, la falta de provisiones y la fatiga cobraron su precio. Uno a uno, sus compañeros fueron sucumbiendo a la dureza del clima antártico. Edgar Evans murió el 17 de febrero, seguido por Lawrence Oates, quien, al verse debilitado y sabiendo que estaba retrasando al grupo, salió de la tienda en medio de una tormenta con la famosa frase: "Voy a salir y puede que tarde un tiempo".

Scott y los dos últimos supervivientes, Edward Wilson y Henry Bowers, lograron llegar a solo 18 kilómetros de un depósito de suministros, pero quedaron atrapados en una tormenta de nieve que los inmovilizó durante días. En marzo de 1912, murieron en su tienda de campaña, congelados y sin fuerzas para continuar. Ocho meses después, una expedición de rescate encontró sus cuerpos y su diario, en el que Scott había registrado los momentos finales con una mezcla de resignación y valentía. En su última anotación, escribió: "Por el amor de Dios, cuiden de nuestra gente".

La noticia de su muerte causó una profunda impresión en el Reino Unido, y Scott fue elevado al estatus de héroe nacional, convirtiéndose en un símbolo de sacrificio y determinación. Aunque su expedición fue un fracaso en términos de la carrera por llegar al Polo, su legado perdura como una de las historias más impactantes de la exploración. Su tragedia convirtió su nombre en leyenda, un testimonio de la lucha del hombre contra los elementos y del alto precio que a veces se paga por la gloria.

Howard Carter: El descubridor de la tumba de Tutankamón

En la historia de la arqueología, pocos descubrimientos han tenido un impacto tan profundo como el hallazgo de la tumba de Tutankamón en 1922. Su descubridor, Howard Carter, pasó de ser un arqueólogo desconocido a convertirse en una figura legendaria, logrando lo que generaciones de egiptólogos habían buscado en vano: encontrar una tumba intacta en el Valle de los Reyes. Su historia es la de una perseverancia inquebrantable, una pasión insaciable por la historia del Antiguo Egipto y una exploración que desató una fiebre mundial por la egiptología.

Howard Carter nació en 1874 en Inglaterra y, desde joven, mostró un talento excepcional para el dibujo, lo que le permitió iniciarse en la arqueología como ilustrador de hallazgos egipcios. Su destreza como dibujante le abrió las puertas para trabajar bajo la dirección de prestigiosos egiptólogos en excavaciones, donde adquirió un profundo conocimiento del arte y la arquitectura de los faraones. A pesar de sus habilidades, su carácter difícil y su rechazo a la burocracia colonial británica lo marginaron en varios momentos de su carrera.

A principios del siglo XX, Carter estaba convencido de que en el Valle de los Reyes aún quedaban necrópolis reales por descubrir. En particular, creía en la existencia de la tumba de un joven faraón casi olvidado: Tutankamón, quien había gobernado Egipto brevemente en el siglo XIV a.C. Sin embargo, la mayoría de los expertos consideraban que el valle ya había sido completamente explorado y que cualquier sepulcro de importancia había sido saqueado siglos atrás.

Su oportunidad llegó en 1914, cuando logró convencer al aristócrata inglés Lord Carnarvon de financiar su búsqueda. Durante siete años, Carter excavó sin encontrar nada significativo, enfrentándose a críticas y a la creciente impaciencia de su patrocinador. Finalmente, en 1922, Carnarvon le dio un ultimátum: si no hallaba algo en la siguiente temporada, suspendería el financiamiento. Pero en noviembre de ese mismo año, Carter y su equipo hicieron un descubrimiento inesperado: una escalera oculta bajo los escombros que conducía a una tumba sellada con los cartuchos reales de Tutankamón. Tras abrir una pequeña grieta en la entrada, Carter pudo vislumbrar por primera vez el interior de la tumba, iluminado por la tenue luz de una vela. Cuando Carnarvon le preguntó si veía algo, Carter pronunció la famosa frase: "Sí, cosas maravillosas".

El sepulcro de Tutankamón resultó ser un hallazgo sin precedentes. A diferencia de otros enterramientos reales, que habían sido saqueados en la antigüedad, este estaba prácticamente intacto. En su interior se encontraron más de 5.000 objetos, desde muebles y carros dorados hasta armas, estatuas y joyas. Pero el mayor tesoro fue el sarcófago de Tutankamón, con su icónica máscara de oro macizo, que se convirtió en uno de los símbolos más reconocibles de la cultura egipcia.

El descubrimiento causó sensación mundial y desató la "tutmanía", un fenómeno que hizo del Antiguo Egipto una obsesión en Occidente, atrayendo a ricos y aristócratas al país del Nilo para maravillarse con su patrimonio cultural. Sin embargo, la fama de Carter se vio empañada por disputas con el gobierno egipcio sobre la propiedad de los objetos y por los rumores de la "maldición de Tutankamón", alimentados por la repentina muerte de Lord Carnarvon meses después del hallazgo.

A pesar de su éxito, Carter nunca recibió reconocimiento oficial por su descubrimiento y pasó el resto de su vida catalogando los tesoros de la tumba. Murió en 1939, sin grandes riquezas ni honores, pero habiendo logrado lo que pocos arqueólogos han conseguido: descubrir una tumba real casi intacta que reveló al mundo la grandeza del Antiguo Egipto. "La tumba de Tutankamón fue el mayor hallazgo arqueológico del siglo XX", escribió un historiador. Con su tenacidad y visión, Howard Carter demostró que la perseverancia puede hacer realidad lo imposible y que, a veces, la historia espera pacientemente a ser redescubierta.

PARTE V: PIRATAS, CORSARIOS, BANDIDOS Y ESTAFADORES EN LA FICCIÓN

Capítulo 11: Piratas y corsarios en la literatura y el cine

EL CAPITÁN FLINT Y JOHN SILVER: LA ISLA DEL TESORO DE STEVENSON

Pocos libros han definido el imaginario colectivo sobre la piratería como *La isla del tesoro* (*Treasure Island*, 1883) de Robert Louis Stevenson. Esta novela no solo consolidó el paradigma del pirata en la literatura, sino que creó dos de los personajes más icónicos del género: el Capitán Flint, el misterioso y temido corsario cuya fortuna desencadena toda la historia, y John Silver el Largo, el astuto y carismático villano que se convirtió en el arquetipo del pirata literario.

Stevenson, inspirado por los relatos de marinos y en los mitos sobre tesoros escondidos en islas remotas, construyó una historia de aventuras, traiciones y búsquedas desesperadas, donde los piratas dejaron de ser simples criminales para convertirse en figuras casi románticas, llenas de ambigüedad moral. El Capitán Flint, aunque nunca aparece en la historia como personaje vivo, es el centro de la trama. Su legado, un tesoro escondido en una isla del Caribe, es el motor que impulsa la acción. Descrito como un pirata feroz y despiadado, Flint comandó el legendario Walrus y acumuló una inmensa fortuna saqueando barcos. Su nombre infunde miedo entre los piratas que alguna vez fueron sus subordinados, y su única herencia es un mapa marcado con una X, la clásica imagen del tesoro enterrado que ha perdurado en la cultura popular.

Pero si Flint es el mito, John Silver el Largo es la verdadera estrella de la novela. Presentado como un antiguo cocinero con una pierna de palo y un loro en el hombro —elementos que definirían la imagen del pirata en la cultura popular—, Silver es un personaje complejo: encantador y manipulador, brutal y carismático, un hombre que se mueve entre la lealtad y la traición con una habilidad asombrosa. Stevenson lo convirtió en el modelo del pirata literario, un villano que no es simplemente malvado, sino un estratega inteligente, capaz de ganarse la confianza del joven protagonista, Jim Hawkins, al mismo tiempo que conspira para apoderarse del tesoro.

La influencia de *La isla del tesoro* en la literatura y el cine es incalculable. Desde la imagen del pirata con pata de palo hasta la noción de códigos de honor entre bandidos del mar, la obra de Stevenson estableció los cimientos de cómo el mundo ve a los piratas. Películas, cómics, series y videojuegos han tomado elementos de John Silver y Flint, desde *Piratas del Caribe* hasta *Black Sails*, la serie que reimagina la juventud del Capitán Flint como un temido corsario en guerra contra los imperios europeos.

"Stevenson no inventó a los piratas, pero los convirtió en leyenda", escribió un crítico literario inglés. Con Flint como la sombra del pirata idealizado y Silver como su encarnación más humana, *La isla del tesoro* sigue siendo el libro definitivo sobre la vida de los forajidos del mar, una historia donde la aventura y la traición navegan juntas bajo la bandera negra.

JACK SPARROW: LA REINVENCIÓN DEL PIRATA EN PIRATAS DEL CARIBE

Si hay un personaje que redefinió la imagen del pirata en el cine moderno, ese es Jack Sparrow, el excéntrico capitán interpretado por Johnny Depp en la saga *Piratas del Caribe* (2003-2017). Con su andar tambaleante, su forma de hablar enigmática y su habilidad para escapar de las situaciones más imposibles,

Sparrow no solo revitalizó el género de aventuras marítimas, sino que también rompió con la imagen clásica del pirata, combinando humor, astucia y un sentido ambiguo de la moral.

Cuando *Piratas del Caribe: La maldición del Perla Negra* (2003) llegó a los cines, la figura del pirata en la cultura popular había caído en el olvido o se había limitado a representaciones infantiles, como las de *Peter Pan* o *La isla del tesoro*. Sin embargo, Jack Sparrow recuperó la esencia de los piratas de la literatura y el cine clásico, pero con un giro inesperado: en lugar de ser un líder imponente y temido, era un antihéroe caótico que parecía improvisar su destino a cada paso.

La inspiración para Jack Sparrow vino de múltiples fuentes. Johnny Depp se basó en la actitud despreocupada y el carisma de Keith Richards, el guitarrista de los Rolling Stones, así como en la astucia y el cinismo de los piratas clásicos del cine, como Errol Flynn y Burt Lancaster. El resultado fue un personaje que no era un villano despiadado ni un héroe noble, sino un oportunista encantador que parecía estar a un paso del desastre… y que, contra toda lógica, siempre salía victorioso. A diferencia de los piratas tradicionales, Sparrow no busca venganza ni gloria, sino libertad. Su barco, el Perla Negra, es su mayor tesoro, un símbolo de independencia en un mundo dominado por imperios y corsarios que buscan controlarlo todo. Mientras que los villanos de la saga —como Barbossa, Davy Jones o Lord Beckett— representan el poder, la ambición y la traición, Jack Sparrow es la encarnación del caos y la resistencia a cualquier autoridad.

Uno de los mayores logros de *Piratas del Caribe* fue modernizar el género sin perder su esencia. Jack Sparrow conserva elementos del pirata clásico —desde su vestimenta hasta su amor por el ron y su desprecio por la ley—, pero también introduce una nueva dimensión cómica y casi surrealista. Su capacidad para manipular a sus enemigos y convertir cualquier derrota en una oportunidad lo convierte en un personaje impredecible, algo que lo diferencia de los tradicionales piratas de la literatura, que solían ser despiadados o románticos, pero nunca tan absurdos y divertidos a la vez.

El impacto de Jack Sparrow en la cultura popular es innegable. La saga de *Piratas del Caribe* no solo revitalizó el cine de aventuras marítimas, sino que también influyó en videojuegos, cómics y literatura. "Jack Sparrow no es el pirata que esperabas, pero es el pirata que necesitabas", dijo un crítico sobre el personaje. Con el paso de los años, Jack Sparrow se ha convertido en un símbolo de la libertad, el ingenio y el caos, un pirata que, a pesar de sus defectos, siempre encuentra la manera de mantenerse a flote. En un mundo de corsarios despiadados y monstruos marinos, él sigue navegando con una sonrisa, una botella de ron y un plan que probablemente no funcione... pero que, de alguna manera, siempre lo lleva a la siguiente gran aventura.

Sandokán: El tigre de la Malasia de Emilio Salgari

Entre los grandes personajes de la literatura de aventuras, pocos han dejado una huella tan profunda como Sandokán, el legendario Tigre de la Malasia, creado por Emilio Salgari en el siglo XIX. En un tiempo en el que las novelas de piratas solían estar ambientadas en el Caribe, Salgari llevó la acción al exótico sudeste asiático y creó un personaje que combinaba el heroísmo con la lucha contra el colonialismo europeo. Sandokán no es solo un pirata, sino también un príncipe destronado convertido en corsario, un guerrero noble que luchaba contra la opresión en un mundo dominado por los imperios occidentales.

Emilio Salgari, un escritor italiano que nunca viajó a los lugares que describía, se basó sobre relatos de viajeros y exploradores para dar vida a sus novelas de aventuras. En 1883 publicó *Los tigres de Mompracem,* la primera de las muchas novelas protagonizadas por Sandokán. A lo largo de la saga, Sandokán se convirtió en uno de los personajes más emblemáticos de la literatura de aventuras, al nivel de figuras como Long John Silver o el Capitán Nemo. Según la historia, Sandokán es un príncipe nacido en Borneo, cuyo reino fue arrebatado por los colonizadores británicos. Convertido en pirata por necesidad, se transforma en líder de una hermandad de corsarios conocidos como los Tigres de Mompracem, con quienes libra una guerra sin tregua contra los británicos y los gobernantes locales que los apoyan. Su mayor aliado es Yáñez de Gomera, un aventurero portugués con una actitud cínica pero de lealtad inquebrantable, que se convierte en su mejor amigo y consejero.

A diferencia de los piratas clásicos de la literatura occidental, Sandokán no es un forajido movido solo por la codicia o el deseo de aventuras. Es un hombre con un código de honor, que lucha por recuperar su trono y vengar las injusticias cometidas contra su pueblo. Su historia es la de un guerrero noble, un rebelde que enfrenta a un enemigo mucho más poderoso. Otro aspecto innovador de la historia de Sandokán es su romance con Mariana Guillonk, una joven británica que se enamora de él y decide abandonar su vida acomodada para seguirlo. Mariana representa el choque de culturas entre Oriente y Occidente, pero también muestra que el amor puede trascender barreras de raza y clase, un tema poco común en la literatura de la época.

Las novelas de Sandokán se convirtieron en un fenómeno de masas en Italia y otros países europeos, generando numerosas secuelas y convirtiendo a su protagonista en un símbolo de resistencia contra el colonialismo. Su éxito inspiró adaptaciones cinematográficas y televisivas, siendo la más famosa la serie de *Sandokán* de 1976, protagonizada por Kabir Bedi, que consolidó al personaje en la cultura popular. A pesar de no haber sido tan explotado en el cine como otros piratas literarios, Sandokán sigue siendo un personaje fundamental en la historia de la literatura de aventuras. "Si Emilio Salgari hubiera nacido en Inglaterra, sería tan famoso como Stevenson o Verne", han dicho algunos críticos sobre el escritor italiano, cuya obra, aunque subestimada por la academia y criticada por sus anacronismos históricos, ha sido una fuente inagotable de inspiración para generaciones de lectores.

Más de un siglo después de su creación, Sandokán sigue siendo el símbolo del pirata romántico y justiciero, un hombre que lucha por su patria y su honor en un mundo dominado por la injusticia de los poderosos. Mientras otros piratas de la literatura han sido presentados como villanos o antihéroes, Sandokán es uno de los pocos que encarna la lucha contra la opresión, convirtiéndose en un guerrero de los mares cuya leyenda sigue navegando a través del tiempo.

Barbanegra en la cultura popular: De Stevenson a Hollywood

Pocos piratas han dejado una huella tan profunda en la cultura popular como Barbanegra. Su imagen, marcada por su imponente barba, su sombrero adornado con mechas encendidas y su reputación de despiadado saqueador, lo ha convertido en el pirata por excelencia en la literatura, el cine y la televisión. A pesar de que su carrera como bucanero duró apenas unos años a principios del siglo XVIII, su leyenda ha perdurado durante siglos, evolucionando desde los relatos de terror que contaban los marineros hasta convertirse en un personaje casi mítico en la ficción.

Robert Louis Stevenson, en *La isla del tesoro,* no lo menciona directamente, pero el personaje del Capitán Flint y su tripulación llevan la esencia del pirata temido que deja tras de sí un rastro de muerte y tesoros ocultos. Stevenson tomó muchas de las características que la historia le atribuía a Barbanegra, como el liderazgo absoluto sobre su tripulación, la brutalidad con la que manejaba los motines y el temor que despertaba su sola presencia. Más adelante, en el siglo XX, escritores como Jorge Luis Borges en *Historia universal de la infamia* lo incluyeron en sus relatos, manteniendo viva su figura en la literatura moderna.

En el cine y la televisión, Barbanegra ha aparecido en diversas versiones, algunas más apegadas a su historia real y otras completamente ficticias. Desde películas clásicas como *Blackbeard, the Pirate* (1952), donde es interpretado como el arquetipo del pirata sanguinario, hasta su presencia en la saga de *Piratas del Caribe*, donde es reinventado con elementos sobrenaturales, su figura ha sido adaptada para distintos públicos y estilos narrativos. En la película *Piratas del Caribe: En mareas misteriosas* (2011), Barbanegra es interpretado por Ian McShane como un hombre cruel que utiliza magia oscura para controlar su tripulación, una versión que mezcla historia y fantasía para crear un villano memorable.

Las series y novelas contemporáneas también han reinventado al personaje. En *Black Sails* (2014-2017), serie que funciona como precuela de *La isla del tesoro*, Barbanegra aparece como un pirata pragmático y temido, interpretado por Ray Stevenson. Su presencia en la serie muestra una visión más realista del mundo pirata, donde la violencia y la política se entrelazan en un juego de poder constante.

Además de la literatura y el cine, Barbanegra ha sido inmortalizado en videojuegos, cómics y música. En la saga de videojuegos *Assassin's Creed*, aparece como un personaje clave en *Assassin's Creed IV: Black Flag* (2013), donde se presenta como un líder feroz pero también un estratega inteligente que entiende que la piratería es un medio para alcanzar la libertad en un mundo dominado por imperios. En el universo de los cómics, su figura ha sido reinterpretada en diversas ocasiones, desde versiones más históricas hasta apariciones en el universo de Marvel y DC.

El mito de Barbanegra sigue evolucionando, adaptándose a cada época y generación. Su imagen ha pasado de ser la de un criminal despiadado a la de un símbolo de rebeldía y desafío a la autoridad. Su historia, aunque envuelta en exageraciones y leyendas, sigue fascinando porque representa la esencia del pirata idealizado: un hombre que vivió sin reglas, sembró el caos en los mares y dejó un tesoro inmenso jamás encontrado y una marca imborrable en la historia y la cultura popular.

Capítulo 12: Bandidos y forajidos en la ficción

ROBIN HOOD EN LA LITERATURA Y EL CINE: DE ERROL FLYNN A DISNEY

Pocas figuras han sido tan reinterpretadas en la literatura y el cine como Robin Hood, el legendario forajido que, según la tradición, robaba a los ricos para dar a los pobres. Su historia fue contada y recontada durante siglos, pasando de los baladistas medievales a las grandes producciones de Hollywood, adaptándose a cada época y reflejando las preocupaciones y valores de cada generación. Desde las primeras menciones en el folclore inglés hasta su icónica representación en el cine con Errol Flynn o la entrañable versión animada de Disney, Robin Hood ha trascendido su posible origen histórico para convertirse en un símbolo de justicia y resistencia contra la opresión.

Los primeros relatos sobre Robin Hood aparecieron en baladas medievales del siglo XIV y XV, donde se lo describía como un hombre fuera de la ley que habitaba el bosque de Sherwood, en constante enfrentamiento con el Sheriff de Nottingham y las autoridades corruptas. Estas historias iniciales no lo retrataban necesariamente como un noble caído en desgracia, sino más bien como un bandolero astuto, un maestro del arco que desafiaba a los poderosos con valentía y picardía. Con el tiempo, su leyenda se fue refinando, incorporando personajes como Lady Marian, el fraile Tuck, Little John y el malvado Príncipe Juan, consolidando la estructura narrativa que se convertiría en la base de todas sus adaptaciones futuras.

La literatura ha sido fundamental para la expansión del mito de Robin Hood. En el siglo XIX, el escritor Howard Pyle, con su novela *Las alegres aventuras de Robin Hood* (1883), consolidó la imagen romántica del héroe, dotándolo de un código de honor y enfatizando su lucha contra la tiranía feudal. Su versión del personaje tuvo una enorme influencia en las adaptaciones cinematográficas posteriores, estableciendo a Robin Hood como un héroe noble y carismático, un justiciero que roba no por avaricia, sino por la causa de los oprimidos.

Con la llegada del cine, Robin Hood encontró un nuevo hogar donde su historia cobraría vida de manera espectacular. La primera gran película sobre el personaje fue *Robin Hood* (1922), protagonizada por Douglas Fairbanks, quien estableció el modelo del héroe ágil y valiente que ejecuta hazañas imposibles. Sin embargo, fue Errol Flynn, en *Las aventuras de Robin Hood* (1938), quien dejó una huella perdurable en la cultura popular. Su interpretación en Technicolor presentó un Robin Hood intrépido, elegante y lleno de energía, enfrentando con astucia y humor a sus enemigos. La película, considerada un clásico del cine de aventuras, definió la estética y personalidad del personaje para generaciones futuras.

A lo largo de los años, Robin Hood ha sido interpretado en múltiples versiones, algunas más realistas y otras más estilizadas o fantásticas. En 1991, Kevin Costner protagonizó *Robin Hood: Príncipe de los ladrones*, una versión más oscura y épica, donde el héroe es presentado con un tono más serio y dramático. En contraste, en 1993, Mel Brooks parodió el mito con *Robin Hood: Men in Tights*, una comedia absurda que satirizaba las representaciones anteriores.

Una de las versiones más queridas por el público es la de Disney, con su película animada de 1973, *Robin Hood*, donde los personajes fueron reinterpretados como animales antropomorfos. Robin Hood es un astuto zorro, el Sheriff de Nottingham un lobo torpe y el Príncipe Juan un león cobarde y vanidoso. A pesar de su tono ligero y familiar, esta versión mantiene la esencia de la leyenda, con un héroe que lucha por los oprimidos y se burla de la autoridad con ingenio.

Más recientemente, el personaje ha sido reinterpretado en distintas películas y series, con intentos de modernizar su historia y darle un tono más realista y actual. Sin embargo, muchas de estas versiones han fracasado en capturar la magia del mito original, demostrando que la clave del éxito de Robin Hood no está en la acción o los efectos especiales, sino en la idea de un héroe que lucha por la justicia y la libertad en un mundo dominado por la corrupción y el abuso de poder. Robin Hood sigue siendo un símbolo universal, una figura que se reinventa constantemente pero que nunca pierde su esencia. Desde las baladas medievales hasta las pantallas de Hollywood, su historia continúa inspirando a quienes creen en la lucha contra la injusticia.

LOS MOSQUETEROS DE DUMAS: ENTRE LA ESPADA Y LA PICARDÍA

Si hay una obra que ha definido la aventura, la camaradería y el honor en la literatura, esa es *Los tres mosqueteros* de Alejandro Dumas, publicada en 1844. Con su mezcla de acción, intrigas políticas y personajes memorables, la novela no solo convirtió a D'Artagnan, Athos, Porthos y Aramis en figuras legendarias, sino que también estableció un modelo narrativo para la literatura de capa y espada, influyendo en el cine, el teatro y la televisión.

Dumas, inspirado en las *Memorias de D'Artagnan*, escritas por el soldado Gatien de Courtilz de Sandras en el siglo XVII, transformó un relato histórico en una obra de aventuras vibrante, con un ritmo frenético y diálogos llenos de ingenio. Su historia sigue al joven gascón D'Artagnan, quien viaja a París con la ambición de unirse a los mosqueteros del rey Luis XIII. Allí conoce a los legendarios Athos, Porthos y Aramis, tres soldados con personalidades muy distintas, pero unidos por una lealtad inquebrantable y el lema que ha quedado grabado en la cultura popular: "Uno para todos, y todos para uno".

La novela está ambientada en un siglo XVII turbulento, donde los conflictos entre la monarquía francesa, el poderoso Cardenal Richelieu y las intrigas cortesanas crean el escenario perfecto para las hazañas de los protagonistas. D'Artagnan y sus camaradas se ven envueltos en una conspiración que involucra a la reina Ana de Austria, el Duque de Buckingham y la misteriosa y letal Milady de Winter, una de las villanas más fascinantes de la literatura.

Más allá de la acción y los duelos de espadas, lo que hace que *Los tres mosqueteros* siga siendo una obra atemporal es la química entre sus personajes. Athos, el más noble y enigmático, es un hombre atormentado por un amor trágico. Porthos, el más extravagante, combina fuerza bruta con un insaciable gusto por la buena vida. Aramis, en cambio, es un soñador con aspiraciones religiosas, que esconde bajo su apariencia refinada un espíritu de guerrero. D'Artagnan, el más joven y audaz, es el nexo que une al grupo, con su valentía, picardía y un sentido de la justicia que lo impulsa a desafiar a los poderosos.

El éxito de la novela fue inmediato, y Dumas continuó la historia en dos secuelas, *Veinte años después* y *El vizconde de Bragelonne*, donde muestra la evolución de los personajes en un mundo donde la lealtad y la amistad se ven enfrentadas a los cambios políticos de la época. Sin embargo, ninguna de estas continuaciones logró eclipsar la frescura y emoción de la primera entrega.

Desde su publicación, *Los tres mosqueteros* ha sido adaptada en innumerables ocasiones al teatro, el cine y la televisión. La versión de 1948, con Gene Kelly, destacó por su espectacularidad y acrobacias. En 1973, la película dirigida por Richard Lester ofreció una versión más realista y humorística, mientras que la adaptación de 1993, producida por Disney, convirtió la historia en un relato juvenil de acción. En la animación, los mosqueteros han sido reinterpretados por personajes como Mickey Mouse e incluso en versiones más libres, como en *D'Artacán y los tres mosqueperros*.

Aunque basada sobre hechos y personajes reales, *Los tres mosqueteros* no pretende ser una crónica histórica, sino una exaltación del espíritu de la aventura, donde el honor, la lealtad y la amistad son más importantes que el destino o la política. Más de un siglo y medio después de su publicación, la historia sigue siendo leída, representada y adaptada en todo el mundo. Ya sea en una novela, en la pantalla grande o en una serie, la promesa de "uno para todos y todos para uno" sigue resonando como un llamado a la valentía y la camaradería, recordándonos que, en la ficción y en la vida, algunas alianzas son eternas.

LOS FORAJIDOS DEL SPAGHETTI WESTERN: DE *DJANGO* A *EL BUENO, EL MALO Y EL FEO*

En la historia del cine, el western ha sido un género fundamental, pero en los años 60 del siglo XX una nueva corriente cinematográfica surgió desde Italia para reinventarlo: el spaghetti western. Este subgénero no solo redefinió la imagen del forajido en la pantalla, sino que también creó personajes icónicos que rompieron con el molde clásico del héroe del Viejo Oeste. En esta reinvención, figuras como Django o los protagonistas de *El Bueno, el Malo y el Feo* se convirtieron en símbolos del antihéroe, hombres de moral ambigua, movidos más por la supervivencia y la venganza que por la justicia o el deber.

El spaghetti western surgió como una respuesta al western tradicional de Hollywood, en el que los protagonistas solían ser figuras heroicas que defendían el orden en territorios salvajes. En contraste, los cineastas italianos, liderados por Sergio Leone, presentaron un Oeste sucio, violento y despiadado, donde la ley era casi inexistente y los forajidos no eran necesariamente los villanos, sino simplemente hombres que intentaban sobrevivir en un mundo sin reglas.

Uno de los primeros grandes iconos del género fue Django, el personaje creado por Sergio Corbucci en la película del mismo nombre de 1966. Interpretado por Franco Nero, Django es un pistolero misterioso que arrastra un ataúd por el desierto, dentro del cual esconde una metralleta con la que masacra a sus enemigos. La imagen del pistolero solitario, vestido de negro y marcado por un pasado trágico, se convirtió en un arquetipo del spaghetti western y dio origen a innumerables secuelas y reinterpretaciones, incluyendo la versión moderna de Quentin Tarantino en *Django Unchained* (2012).

Sin embargo, la cumbre del spaghetti western llegó con la "Trilogía del dólar" de Sergio Leone, protagonizada por Clint Eastwood en el papel del enigmático "hombre sin nombre". La trilogía comenzó con *Por un puñado de dólares* (1964), una adaptación de Yojimbo de Akira Kurosawa, en la que un pistolero juega con dos bandas rivales para obtener su propio beneficio. Continuó con *La muerte tenía un precio* (1965), donde la venganza y la codicia marcan el destino de sus personajes. Y culminó con *El Bueno, el Malo y el Feo* (1966), considerada la obra maestra del género. En esta última película, Leone llevó al extremo la estética y la narrativa del spaghetti western, presentando un duelo entre tres forajidos: Blondie (el Bueno), Tuco (el Feo) y Sentenza (el Malo), en busca de un tesoro escondido en medio de la Guerra Civil estadounidense. A diferencia del western clásico, aquí no hay héroes puros ni villanos absolutos. Blondie, interpretado por Eastwood, es un cazarrecompensas frío y calculador, Sentenza (Lee Van Cleef) es un asesino despiadado; y Tuco (Eli Wallach) es un bandido oportunista, carismático pero sin escrúpulos.

La película, con su estilo visual innovador, los duelos de miradas tensas, los planos cercanos y la icónica música de Ennio Morricone, redefinió la forma en que el western era percibido. No se trataba solo de enfrentamientos a balazos, sino de un juego psicológico donde la avaricia, la traición y la supervivencia eran los verdaderos protagonistas.

El spaghetti western no solo influyó en el cine de Hollywood, sino que marcó a directores como Quentin Tarantino, Robert Rodríguez y John Woo, quienes incorporaron su estilo en sus propias películas. A pesar de que el género perdió popularidad en los años 70, su legado sigue vivo en cada historia de forajidos ambiguos, duelos interminables y antiheroes que desafían el destino en un Oeste más violento y cínico que el de los relatos clásicos. "En el spaghetti western no hay buenos ni malos, solo sobrevivientes", dijo una vez Sergio Leone. Y en esa visión cruda del Viejo Oeste, Django, Blondie y Tuco siguen cabalgando, inmortales en el polvo de la historia del cine.

Wyatt Earp y Jesse James en el cine: Mitos del Salvaje Oeste

El Viejo Oeste dejó un legado de personajes históricos que, con el tiempo, fueron moldeados hasta convertirse en figuras casi mitológicas. Dos de los nombres más emblemáticos son Wyatt Earp y Jesse James, dos hombres de caminos opuestos: uno representando la ley y el otro, el bandidaje. Con el paso de los años, el cine transformó sus vidas en historias legendarias, transmutando la historia en un espectáculo donde la verdad se mezcla con la ficción para crear el mito del Salvaje Oeste.

Wyatt Earp, el sheriff de Tombstone, es una de las figuras más recurrentes en el western. Su participación en el duelo en el O.K. Corral en 1881, donde él, sus hermanos y Doc Holliday se enfrentaron a los Clanton y McLaury, lo convirtió en un símbolo de la justicia en una frontera sin ley. Su historia ha sido llevada al cine en numerosas ocasiones, pero una de las versiones más icónicas es *Pasión de los fuertes* (1946), de John Ford, con Henry Fonda interpretando a un Earp sereno y determinado.

En 1957, Burt Lancaster le dio un aire más épico en *Duelo de titanes*, donde la rivalidad entre Earp y los Clanton se intensificó con un tono casi de tragedia clásica. Sin embargo, fue en *Tombstone* (1993), con Kurt Russell en el papel de Wyatt Earp, donde se le presentó con una mayor ambigüedad moral, mostrando no solo su heroísmo, sino también su carácter vengativo tras el asesinato de su hermano. Un año después, Kevin Costner protagonizó *Wyatt Earp* (1994), un intento de biografía más extensa, aunque sin el impacto cinematográfico de las versiones anteriores.

Por otro lado, Jesse James, el forajido más famoso del Oeste, ha sido retratado tanto como un villano despiadado como un héroe rebelde. Fue un exsoldado confederado que, tras la Guerra Civil, se dedicó a asaltar bancos y trenes, convirtiéndose en una figura romántica para muchos que lo veían como un justiciero contra el sistema. Desde el cine clásico, su historia ha sido contada en múltiples versiones. *Jesse James* (1939), con Tyrone Power, presentó una versión idealizada del bandido, mientras que *El asesinato de Jesse James por el cobarde Robert Ford* (2007), con Brad Pitt en el papel del forajido, mostró una interpretación más psicológica y melancólica, explorando su paranoia y el peso de su propia leyenda.

El contraste entre Wyatt Earp y Jesse James en el cine es una muestra de cómo el western ha evolucionado. Mientras Earp representa el orden en un mundo caótico, James encarna la rebeldía y el desafío a la autoridad. Ambos, sin embargo, han sido transformados en íconos cinematográficos, donde la realidad histórica ha cedido su lugar a la mitología del Oeste. A través del cine, estos dos personajes han trascendido su propia historia, convirtiéndose en arquetipos del western: el hombre de la ley que enfrenta a los forajidos y el bandido que lucha contra el sistema. Con cada nueva versión en la pantalla, la línea entre historia y leyenda se difumina aún más, dejando claro que en el cine del Viejo Oeste, la verdad siempre es moldeada por la necesidad de contar una gran historia.

Capítulo 13: Timadores y embaucadores en la cultura popular

Frank Abagnale: El estafador real que inspiró Atrápame si puedes

Entre los grandes embaucadores de la historia moderna, pocos han alcanzado el nivel de audacia y sofisticación de Frank Abagnale, el hombre que, antes de cumplir 21 años, ya había estafado bancos, aerolíneas y hospitales, haciéndose pasar por piloto, médico y abogado sin poseer ninguna formación real. Su historia, llevada al cine en la película *Atrápame si puedes* (2002), protagonizada por Leonardo DiCaprio y dirigida por Steven Spielberg, no solo reveló sus increíbles hazañas, sino que también lo convirtió en el estafador más célebre del siglo XX.

Nacido en 1948 en Nueva York, Abagnale mostró desde joven una gran inteligencia, pero también una innata capacidad para la manipulación. Su carrera delictiva comenzó a los 16 años, cuando falsificó su primera chequera y descubrió lo fácil que era engañar a los bancos. Al darse cuenta de que podía llevar una vida de lujos sin necesidad de trabajar, perfeccionó sus métodos y se convirtió en un maestro de la falsificación de cheques y documentos de identidad.

Uno de sus fraudes más audaces fue suplantar la identidad de un piloto de Pan Am, una de las aerolíneas más prestigiosas de los Estados Unidos de América. Con un uniforme falso y una identificación fabricada por él mismo, logró viajar gratis por todo el mundo y hospedarse en hoteles de lujo, ganándose la confianza de aerolíneas y tripulaciones. "Un uniforme y una sonrisa son todo lo que necesitas para ser alguien", solía decir.

Pero su osadía no terminó ahí. En otro de sus engaños más temerarios, se hizo pasar por médico en un hospital de Georgia, donde trabajó como supervisor sin tener formación alguna. Aunque evitó realizar cirugías o procedimientos complejos, dirigió a otros médicos durante meses sin despertar sospechas. Más tarde, falsificó un título de abogado de Harvard y consiguió un puesto en la oficina del fiscal general del estado de Luisiana.

A lo largo de sus años como estafador, Abagnale falseó cheques por un valor superior a los 2.5 millones de dólares en varios países, lo que lo convirtió en uno de los criminales más buscados por el FBI. Sin embargo, su suerte cambió en 1969, cuando fue capturado en Francia y extraditado a Estados Unidos.

En cambio, lo más sorprendente es lo que sucedió después. En lugar de pasar décadas en prisión, el gobierno estadounidense le ofreció un trato: colaborar con el FBI para detectar fraudes financieros y mejorar la seguridad bancaria. Abagnale aceptó y, con el tiempo, se convirtió en un experto en fraudes corporativos y en seguridad documental, asesorando a bancos y empresas multinacionales.

Su vida capturó la imaginación del público y, en 2002, su autobiografía fue adaptada al cine en *Atrápame si puedes*, con Leonardo DiCaprio en el papel de un joven Abagnale y Tom Hanks como el agente del FBI Carl Hanratty, el hombre que lo persiguió durante años. La película, que combinó humor, intriga y drama, convirtió a Abagnale en una figura de culto, demostrando que incluso un estafador puede encontrar redención si pone su talento al servicio de la ley. Su biografía es un testimonio de cómo la astucia y la inteligencia pueden usarse tanto para el fraude como para la seguridad, y sigue siendo una prueba de que, en ocasiones, la realidad supera a la ficción.

Harry Houdini: El escapista contra los falsos médiums

Harry Houdini es recordado como el ilusionista y escapista más famoso de la historia, un hombre que desafiaba lo imposible al liberarse de esposas, camisas de fuerza y cajas selladas bajo el agua. Pero más allá de su leyenda en los escenarios, Houdini tuvo una faceta menos conocida pero igualmente fascinante: se convirtió en un cazador de falsos médiums, dedicando los últimos años de su vida a exponer fraudes espiritistas y engaños paranormales.

Nacido en 1874 en Hungría, con el nombre de Erik Weisz, Houdini emigró con su familia a Estados Unidos, donde desarrolló su pasión por la magia y la prestidigitación. A finales del siglo XIX, se convirtió en un maestro del escapismo, asombrando al público con desafíos cada vez más peligrosos y espectaculares. Su habilidad para liberarse de esposas, cadenas y cajas sumergidas en agua lo convirtió en una celebridad mundial. Sin embargo, mientras su carrera florecía, un fenómeno social captó su atención: el auge del espiritismo y los supuestos médiums que afirmaban comunicarse con los muertos.

El espiritismo había ganado popularidad en el siglo XIX y principios del XX, especialmente después de la Primera Guerra Mundial, cuando miles de personas buscaban consuelo por la pérdida de seres queridos. Charlatanes que decían tener poderes sobrenaturales realizaban sesiones espiritistas, produciendo "mensajes del más allá", ectoplasmas y fenómenos paranormales que maravillaban a sus seguidores. Para Houdini, un maestro de la ilusión y la manipulación, estos trucos eran fácilmente detectables, y lo indignaba que los médiums explotaran la desesperación de la gente con engaños. Su cruzada contra el espiritismo comenzó con sir Arthur Conan Doyle, el creador de Sherlock Holmes y ferviente creyente en lo paranormal. Conan Doyle y Houdini entablaron una amistad basada sobre el mutuo respeto, pero mientras el escritor estaba convencido de que el espiritismo era real, Houdini se dedicó a demostrar lo contrario. Su relación terminó en un enfrentamiento público cuando Houdini desenmascaró a varios médiums en los que Conan Doyle confiaba, mostrando cómo utilizaban trucos mecánicos y psicológicos para engañar a sus seguidores.

Houdini comenzó a asistir a sesiones espiritistas con la intención de exponer los fraudes de los supuestos médiums. Utilizaba su conocimiento de la magia para desmontar los falsos fenómenos paranormales y revelar los métodos de los espiritistas. Se infiltraba en reuniones y demostraba cómo se producían los "milagros": mesas que se movían con hilos invisibles, voces fantasmales generadas por asistentes ocultos, y mensajes de los muertos escritos con tinta secreta.

En 1926, incluso desafió públicamente a cualquier médium a demostrar poderes reales bajo condiciones controladas, ofreciendo una gran recompensa a quien pudiera producir un fenómeno genuino. Ninguno logró hacerlo. Entonces publicó libros y realizó conferencias donde desmontaba cada truco, convirtiéndose en una figura temida por la comunidad espiritista.

Su obsesión por desenmascarar fraudes coincidió con el final de su vida. En octubre de 1926, Houdini sufrió un golpe en el abdomen durante una prueba de resistencia que le provocó una peritonitis fatal. Murió pocos días después, dejando instrucciones a su esposa para que realizara una sesión espiritista anual con un código secreto que solo ellos conocían. Hasta hoy, ninguna sesión ha logrado contactar a Houdini. "La verdad no necesita trucos", decía, y su lucha contra el espiritismo demostró que, para él, la magia debía ser un arte, no un engaño con fines de explotación. Su legado no solo vive en la magia y el escapismo, sino en su papel como el hombre que desafió lo imposible, dentro y fuera del escenario.

JORDAN BELFORT: EL LOBO DE WALL STREET Y LA CODICIA SIN LÍMITES

Si hay una historia que encarna el exceso, la ambición desmedida y la corrupción en el mundo financiero, es la de Jordan Belfort. Este corredor de bolsa convirtió su firma de inversión en un imperio basado en fraudes millonarios y una vida de lujos desenfrenados. Su ascenso y caída inspiraron *El Lobo de Wall Street* (2013), dirigida por Martin Scorsese y protagonizada por Leonardo DiCaprio, una película que muestra cómo la avaricia y la falta de escrúpulos pueden llevar al éxito… pero también a un colapso espectacular.

Belfort nació en 1962 en Nueva York, en el seno de una familia de clase media. Desde joven mostró un talento excepcional para las ventas y un carisma que lo hacía destacar en cualquier entorno. Su primer contacto con el mundo financiero llegó en los años 80, cuando comenzó a trabajar como aprendiz en una firma de Wall Street. Allí aprendió las tácticas agresivas de venta de acciones y el arte de la persuasión. Sin embargo, su carrera sufrió un revés con el colapso del mercado bursátil en 1987.

Lejos de rendirse, fundó su propia firma, Stratton Oakmont, con un modelo de negocio basado en la manipulación del mercado. Su estrategia consistía en inflar artificialmente el valor de acciones de pequeñas empresas a través de tácticas fraudulentas y venderlas antes de que su precio se desplomara, dejando a los inversores con enormes pérdidas. Este esquema, conocido como *pump and dump*, le permitió generar cientos de millones de dólares mientras presentaba a Stratton Oakmont como una de las firmas más exitosas de Wall Street.

Sin embargo, más allá de sus crímenes financieros, lo que hizo que su historia capturara la atención del público fue su estilo de vida extremo. Con una fortuna descomunal y sin límites a la vista, Belfort convirtió su oficina en un circo de excesos, donde las fiestas, las drogas y el despilfarro eran parte de la rutina. Sus empleados recibían incentivos en forma de prostitutas y drogas, y sus memorias están llenas de episodios que, por surrealistas que parezcan, fueron reales.

Uno de los aspectos más extravagantes de su biografía fue su afición por los lujos absurdos, como lanzar enanos en concursos dentro de la oficina, volar en helicóptero completamente drogado o estrellar un yate en el Mediterráneo, un barco que, irónicamente, había pertenecido a Coco Chanel. Sus excesos con el *quaalude,* un sedante altamente adictivo, se volvieron legendarios y quedaron inmortalizados en una de las escenas más icónicas de la película de Scorsese.

Pero como toda historia de avaricia descontrolada, el imperio de Belfort no podía durar para siempre. En los años 90, el FBI comenzó a investigarlo por fraude bursátil y lavado de dinero. En 1999 fue arrestado y condenado a cuatro años de prisión, aunque solo cumplió 22 meses tras cooperar con la justicia y delatar a sus antiguos socios.

Tras su liberación, Belfort se reinventó como orador motivacional y escritor. Publicó sus memorias, *El Lobo de Wall Street*, donde relató con detalle su meteórico ascenso y su brutal caída. Su historia llamó la atención de Hollywood y, en 2013, Scorsese la llevó a la gran pantalla con Leonardo DiCaprio en el papel principal. Aunque la película fue criticada por glorificar sus excesos, también sirvió como una advertencia sobre la corrupción y la falta de ética en el mundo financiero. Hoy en día, sigue siendo una figura controvertida, entre el arrepentimiento y la reinvención, pero su historia permanece como un recordatorio de que la ambición desmedida puede llevar a la cima... y también provocar la más estrepitosa de las caídas. Como él mismo escribió en su libro: "La única cosa que no puedes comprar con dinero es la manera en que la gente te recuerda".

Danny Ocean: La fascinación por el robo perfecto

El cine ha retratado a ladrones y estafadores de muchas maneras, pero pocas han sido tan elegantes y carismáticas como la pandilla de Danny Ocean en *Ocean's Eleven*. Con su mezcla de inteligencia, sofisticación y audacia, el personaje interpretado por Frank Sinatra en 1960 y George Clooney en 2001 se convirtió en el símbolo del robo perfecto, donde la astucia y la planificación superan la fuerza bruta.

El concepto de *Ocean's Eleven* nació con la versión original de 1960, protagonizada por Frank Sinatra, Dean Martin y el Rat Pack, en la que un grupo de veteranos de guerra se unía para robar cinco casinos de Las Vegas en una sola noche. La película tenía un tono relajado, con un guion que aprovechaba la química entre las estrellas del Rat Pack más que una trama compleja. Sin embargo, fue la versión de 2001, dirigida por Steven Soderbergh, la que convirtió a *Ocean's Eleven* en un referente del cine de atracos. En esta nueva versión, Danny Ocean, interpretado por George Clooney, es un ladrón sofisticado y carismático que, recién salido de prisión, planea el golpe más ambicioso de su carrera: robar 160 millones de dólares de los tres casinos más grandes de Las Vegas, propiedad de Terry Benedict, el villano interpretado por Andy García. Para ello, reúne a un equipo de especialistas, cada uno con una habilidad única, desde expertos en explosivos hasta estafadores y acróbatas.

Lo que hace que *Ocean's Eleven* destaque dentro del género de atracos es su énfasis en la planificación y el ingenio. A diferencia de otras películas de robos, donde el suspenso proviene de la violencia o la acción, aquí el atractivo está en la estrategia. El espectador es llevado a creer que algo está saliendo mal, solo para descubrir que todo formaba parte del plan desde el principio. El robo no se basa sobre fuerza bruta, sino en engaños, distracciones y sincronización perfecta.

El éxito de la película llevó a dos secuelas, *Ocean's Twelve* (2004) y *Ocean's Thirteen* (2007), donde Danny Ocean y su equipo realizan nuevos atracos en Europa y en Las Vegas, manteniendo la esencia de inteligencia y estilo que definió la saga. En 2018, la franquicia se expandió con *Ocean's 8*, una versión protagonizada por mujeres, con Sandra Bullock en el papel de la hermana de Danny Ocean, quien reúne a su propio equipo para robar un collar millonario en la gala del MET. Más allá del espectáculo visual y el humor refinado, *Ocean's Eleven* y sus secuelas exploran la fascinación por el crimen inteligente, donde el ladrón no es un villano despiadado, sino un antihéroe que juega con las reglas del sistema sin recurrir a la violencia. Danny Ocean es un personaje que, aunque actúa fuera de la ley, lo hace con elegancia y con un código de honor: no roba a personas inocentes, sino a grandes magnates y corporaciones.

"La clave de un buen atraco es que nadie sepa que ha ocurrido hasta que sea demasiado tarde", dice Danny Ocean en la película, una frase que encapsula la esencia del género. Su legado en el cine demuestra que, cuando se trata de crímenes en la pantalla, el mayor atractivo no está en la brutalidad de la acción, sino en la inteligencia y la ejecución impecable de un plan que desafía todas las probabilidades.

Bibliografía

Abagnale, F. (2000). *Atrápame si puedes: La verdadera historia de un falso*. Planeta.

Alcalá, C. (2011). *Piratas y corsarios: Historia, mitos y leyendas del mar*. Ediciones Nowtilus.

Alcalá, M. (2015). *Bandidos, forajidos y ladrones en la historia de España*. Ediciones Almuzara.

Alvar, A. (2012). *Magallanes y Elcano: La primera vuelta al mundo*. La Esfera de los Libros.

Basbanes, N. (2001). *A Gentle Madness: Bibliophiles, Bibliomanes, and the Eternal Passion for Books*. Holt Paperbacks.

Bassi, E. (2018). *Los mosqueteros y la espada: Historia y literatura en la Francia de Dumas*. Ediciones Akal.

Belfort, J. (2007). *El lobo de Wall Street*. Ediciones B.

Bergreen, L. (2003). *Over the Edge of the World: Magellan's Terrifying Circumnavigation of the Globe*. Harper Perennial.

Breihan, C. (1993). *Jesse James: The Man and the Myth*. University of Oklahoma Press.

Cañellas, A. (2018). *Piratas, filibusteros y corsarios en la literatura y el cine*. Cátedra.

Cordingly, D. (1995). *Bajo bandera negra: La verdadera historia de los piratas*. Edhasa.

Dumas, A. (1844). *Los tres mosqueteros*. Ediciones Cátedra.

Ebert, R. (2002). *Las grandes películas*. Ediciones Paidós.

Evans, C. S. (2005). *Los diarios falsos de Hitler: La historia del fraude que engañó al mundo*. HarperCollins.

Fawcett, P. H. (1953). *Exploración Fawcett: En busca de la Ciudad Z*. Editorial Planeta.

Fleming, P. (1957). *Aventura brasileña*. Penguin Books.

Frayling, C. (2006). *Spaghetti Westerns: Cowboys y europeos de Karl May a Sergio Leone*. I.B. Tauris.

Gárate Córdoba, R. (2016). *Salvaje y romántico: El bandolerismo en España (siglos XVIII y XIX)*. Universidad del País Vasco.

González, A. (2019). *La leyenda de Sandokán: Emilio Salgari y la construcción del mito pirata*. Ediciones Akal.

Hobsbawm, E. (1969). *Bandidos*. Crítica.

Huntford, R. (1985). *Shackleton: La odisea en la Antártida*. Hodder & Stoughton.

Konstam, A. (2011). *Piratas: Historia y vida desde la antigüedad hasta nuestros días*. Ediciones Tikal.

Leone, S. (1966). *El bueno, el feo y el malo* [Película]. Produzioni Europee Associati.

Marley, D. (2010). *Piratas de América*. ABC-CLIO.

Mateos, J. (2020). *El manuscrito Voynich: El libro más misterioso del mundo*. Ediciones B.

Matute, S. (2017). *Howard Carter y el descubrimiento de la tumba de Tutankamón*. La Esfera de los Libros.

Moreno, M. (2014). *Ladrones de caminos y bandoleros en la literatura española*. Ediciones Akal.

Ponzi, C. (2003). *El esquema Ponzi: Historia de la mayor estafa del siglo XX*. Ediciones Deusto.

Rogozinski, J. (1995). *Piratas: Bandidos, bucaneros y filibusteros en la historia y la ficción*. Da Capo Press.

Salgari, E. (1883). *Los tigres de Mompracem*. Editorial Valdemar.

Soderbergh, S. (2001). *Ocean's Eleven* [Película]. Warner Bros.

Stevenson, R. L. (1883). *La isla del tesoro*. Ediciones Cátedra.

Tarantino, Q. (2012). *Django desencadenado* [Película]. Columbia Pictures.

Thompson, H. (2013). *Dinero y sangre: El crimen y la avaricia en la cultura popular*. HarperCollins.

Twain, M. (1882). *Vida en el Misisipi*. Ediciones Turner.

ALEJANDRO ALCALÁ

Locos célebres. Genialidad y demencia en los personajes más famosos

I.S.B.N.: 978-84-1136-924-4

Locura y genialidad han caminado juntas a lo largo de la historia, separadas por un hilo tan fino como enigmático. ¿Qué tienen en común Van Gogh, Nietzsche, Tesla y Sylvia Plath? ¿Es la creatividad una chispa divina o el eco de un tormento interior? Desde los filósofos griegos hasta la neurociencia moderna, este libro explora la fascinante conexión entre el genio y la locura, revelando cómo los grandes visionarios han desafiado los límites de la razón para transformar el mundo. A través de relatos impactantes, personajes históricos inolvidables y análisis profundos, descubrirás que lo que llamamos locura a veces no es más que una forma de ver más allá de lo evidente. ¿Es la sociedad quien encierra a los genios en la locura, o son ellos quienes nos muestran la locura del mundo? Te invitamos a un viaje cautivador por las mentes más brillantes y perturbadas de la humanidad, donde la cordura se desvanece y la genialidad resplandece.